〈つくる会〉分裂と歴史偽造の深層

正念場の歴史教科書問題

「子どもと教科書全国ネット21」事務局長
俵　義文

花伝社

〈つくる会〉分裂と歴史偽造の深層――正念場の歴史教科書問題◆目次

序章

九〇年代半ば以降、日本の右派運動・歴史歪曲運動をリードしてきたのは、一九九七年に結成された新しい歴史教科書をつくる会（以下、「つくる会」）と日本会議である。

第1章で詳しく見るように、その一方である「つくる会」は、二〇〇五年九月からの醜い内部抗争の末に〇六年四月に分裂した。その抗争・分裂のために、「つくる会」は結成時からパートナーだった扶桑社＝フジサンケイグループから絶縁され、「つくる会」教科書はこれまでのように扶桑社からは発行できなくなった。「つくる会」は出版社探しを行い自由社から発行することになった。

一方、「つくる会」から分裂した八木秀次（高崎経済大学教授、「つくる会」元会長）のグループは、フジサンケイグループや日本会議、安倍晋三前首相一派の支援を受けて、〇六年一〇月に日本教育再生機構（理事長・八木秀次、以下、「再生機構」）を設立し、さらに、〇七年七月、教科書編集・採択のために、「改正教育基本法に基づく教科書改善を進める有識者の会」（代表世話人・屋山太郎、以下、「教科書改善の会」）を発足させた。扶桑社は教科書発行専門の子会社・育鵬社を、〇七年八月一日、フジテレビが三億円の資本金を出して設立した。

「つくる会」は、たびたび繰り返された内部抗争によって役員が辞めていき、今回の決定的な抗争・分裂によって、発足時の役員で残っているのは藤岡信勝（拓殖大学教授）ただ一人になり、藤岡は〇七年五月三〇日六代目の会長に就任した。「つくる会」の歴代会長は、初代・西尾幹二（東京電気通信大学名誉教授)、二代目・田中英道(東北大学名誉教授)、三代目・八木秀次、四代目・種子島経(元東京BMW社長)、五代目・小林正(元参議院議員)である。西尾と藤岡以外の歴代会長はすべて「再生機構」＝「教科書改善の会」に移った。

初代会長の西尾幹二(〇四年九月から名誉会長)は、抗争最中の〇六年一月に名誉会長を辞任し、「つくる会」も退会した。西尾は退会時に、これからは「つくる会」運動には一切関わらないと宣言したが、その後も藤岡ら「つくる会」メンバーと密接に連携している。「つくる会」は会員や賛同者が大幅に減少しているが、歴史歪曲教科書の「本家・本元」を主張して、「つくる会」教科書(扶桑社版)の著作権を有していることを唯一の「財産」＝拠り所として、引き続き歴史歪曲運動を展開している。会員・賛同者が減り、「教科書改善の会」に主導権を奪われるという危機意識から、日本軍「慰安婦」、南京大虐殺、沖縄戦強制集団死(「集団自決」)検定問題などで、これまで以上に歴史歪曲運動に力を入れているようである。

一方、八木を中心にした「再生機構」＝「教科書改善の会」(両者は一体なのでこれ以降は「教科書改善の会」と表現する)は、前述のようにフジサンケイグループにバックアップされ、さらに、今や日本最大の右翼組織になった日本会議が人脈的にも大勢は八木グループと結びついている。日本会議と連携し、自民党議員の五〇%以上が参加する超党派議員連盟・日本会議国会議員懇談会(以下、「日本会議議連」)の自民党・民主党などの政治家の多くも「教科書改善の会」をバックアップしていると推測される。西尾を除く歴代会長をはじめ、多くの元「つくる会」理事や元会員・賛同者のかなりの部分が「教科書改善の会」に参加している。こうして、「教科書改善の会」は、今や「つくる会」に代わって歴史を歪曲する教科書運動の主流になりつつある。「教科書改善の会」は、改悪教育基本法や改悪教育関連三法を「追い風」ととらえ、これを具体化する政府・自民党の「教育改革」と一体となりながら、「右翼色」を隠蔽した活動を展開しようとしている。教科書についても、現行の「つくる会」教科書（扶桑社版）は、「各地の教育委員会の評価は低く、内容が右より過ぎて採択が取れない」（扶桑社）として、もっと教育委員会に支持されるように右翼色を薄めた内容をめざすとしている。

「つくる会」と「教科書改善の会」は、教科書づくりの主導権争い、支持者・賛同者の奪い合いでは、激しいバトルを展開している。ところが、日本の侵略戦争や植民地支配を正しかったとすること、南京大虐殺や日本軍「慰安婦」などの加害を「虚構」「ウソ」と偽り、沖縄戦における住民虐殺、強制集団死（「集団自決」）を否定するなどの歴史歪曲では、両者が一緒になり、いわば「右翼的大連立」をつくって活動している。

政界と民間の右翼勢力が一致して「エース」として成立させた安倍晋三極右政権が、〇七年七月の参議院選挙で大敗し、安倍首相（当時）が九月に政権を投げ出して、右派は一時的に大混乱に陥った。しかし、このままでは右翼運動が退潮して国民から見放されていくという危機感から、前述のように歴史歪曲では「大連立」をつくって、日本国憲法に依拠した日本の市民運動や国際社会に対抗していこうとしている。ただし、この「大連立」の中でも主導権争いは展開されるので、より「主役」であることを示すために、かれらの攻撃は今後ますます狂気じみたものになっていくことが予想される。

なお、本書には多くの人々が登場する。煩雑さをさけるために敬称は省略させていただく。

第1章　「つくる会」に何が起きたのか？
——二〇〇五年教科書採択に惨敗して——

一　新しい歴史教科書をつくる会とは何か

新しい歴史教科書をつくる会（「つくる会」）は、醜い内部紛争によって、二〇〇六年四月に事実上分裂した。そして、〇七年二月には教科書発行のパートナーだった扶桑社（フジサンケイグループ）から絶縁状を突きつけられた。その後の「つくる会」と扶桑社の話し合いは決裂し、両者は完全に袂を別つことになった。「つくる会」をめぐって、いま、何が起こっているのか。「つくる会」、そして扶桑社の教科書は今後どうなるのか。まずは、この二年間の内部抗争、分裂の経過をみる前に、「つくる会」とは何かを簡単に見ておこう。

日本の侵略戦争や植民地支配の事実、とりわけ日本軍「慰安婦」や南京大虐殺事件（以下、南京事件）などの加害の事実を載せた歴史教科書に対して、「自虐的・暗黒的・反日的」などという誹謗・攻撃を強め、それらの記述を教科書から削除せよ、という運動が一九九六年に展開された。この第三次教科書「偏向」攻撃の中心人物は、西尾幹二（東京電気通信大学教授——当時）、藤岡信勝（東京大学教授——当時）、高橋史朗（明星大学教授、現埼玉県教育委員長）、小林よしのり（漫画家）などであった。

これらの教科書を攻撃する人たちは、元「慰安婦」被害者や南京事件の被害者の証言に耳を貸さないばかりか、証言は信頼できない、「慰安婦」や南京事件は日本を糾弾するためにでっち上げられた嘘、中国や韓国のプロパガンダだと主張してきた。

この歴史を歪曲し、教科書を攻撃する右派グループは、「現行の歴史教科書は旧敵国のプロパガンダをそのまま事実として記述」（「つくる会」趣意書）しているなどと教科書を誹謗・攻撃するだけでなく、自分たちで「日本人としての誇りを取り戻す」教科書をつくると宣言し、一九九七年一月、「新しい歴史教科書をつくる会」（「つくる会」）を結成した。これは、自民党の歴史・検討委員会（九三年〜九五年に設置）が提起した、日本人の歴史認識を変えるための学者を中心とした国民運動組織の具体化である。「つくる会」発足直後の九七年二月二七日に、自民党の当選五回以下の議員によって「日本の前途と歴史教育を考える若手議員の会」（以下、「教科書議連」、会長・中川昭一、事務局長・安倍晋三——発足当時）が設立され、衆参八七人の議員が参加した。

「つくる会」は、その後、自民党と連携し、財界の一部にバックアップされ、右派組織を結集して、教育・教科書攻撃と歴史を歪曲する運動をすすめてきた。全都道府県に支部をつくり、中学校の歴史と公民教科書を編集して、二〇〇〇年四月に扶桑社から文部省（現文部科学省）に検定申請した。この教科書は、〇一年四月に町村信孝文科相（当時、現内閣官房長官）の検定に合格し、同年七〜八月に採択が行われた。「つくる会」教科書は、歴史を歪曲し、戦争を賛美する「あぶない」教科書として国内はもとより、韓国・中国をはじめ国際社会からの強い批判が沸き起こった。国内では、広範な保護者・市民・教員などが、「あぶない教科書を子どもに渡してはならない」という活動を全国各地で展開し、「つくる会」が文部省に働きかけて、採択制度を自分たちに有利に改悪させたにもかかわらず、「つくる会」

教科書は公立中学校五四二の採択地区では一地区も採択されなかった。わずかに、公立では東京都立と愛媛県立の障がい児学校といくつかの私立中学校が採択し、採択率は歴史〇・〇三九％、公民〇・一％であった。

「つくる会」は四年後の次回採択で「リベンジする」として、その後も歴史歪曲と教科書への誹謗・攻撃をつづけ、文科省に検定・採択制度を改悪させ、〇四年四月に改訂版歴史・公民教科書を検定申請し、〇五年四月に中山成彬文科相（当時、現「教科書議連」会長）の検定に合格した。〇五年七月～八月に全国五八四の採択地区などでこの教科書の採択をめぐって二度目の激しい攻防が行われた。四年前と違って、安倍晋三幹事長（当時）の指導下で自民党が党をあげてバックアップする体制をとったが、全国各地の市民・教員・保護者・在日の人びとなどが、韓国をはじめアジアの人びととも連携して活動し、ほんのわずかな採択（歴史〇・三九％、公民〇・一九％）に終わらせた。

「つくる会」などの歴史歪曲の策動のねらいは、現行教科書の記述修正や「つくる会」教科書の普及だけでなく、日本人の歴史認識・戦争認識を侵略戦争肯定・加害の否定に変質・定着させることである。それは、「戦争をする国」の国民づくりをめざす政治組織であり、その道具に教育や教科書を使っているのである。

二　〇六年以降の分裂劇

1　内紛激化で執行部全員が解任される

〇五年の教科書採択でのみじめな結果を受けて、二〇〇六年一月一六日の「つくる会」理事会は、宮崎正治事務局長の解任をめぐって紛糾した。解任を主張する西尾幹二名誉会長・藤岡信勝副会長グループと解任に反対する八木秀次会長グループが激しく対立し、宮崎解任はできなかった。理事会では、藤岡を除く三名の副会長、遠藤浩一（拓殖大学客員教授）、工藤美代子（ノンフィクション作家）、福田逸（明治大学教授）が辞任した（理事として留まるが後に退任）。翌一七日には西尾が「若い人と話が通じなくなった」といって名誉会長を辞任・退会した。さらに、二月二七日の理事会で、八木会長、藤岡副会長、宮崎事務局長が解任され、西尾の学友で七〇歳の種子島経理事（元副会長、元東京ＢＭＷ社長）が新会長に就任した。種子島は「原始福音・キリストの幕屋」という国粋主義・天皇主義のカルト宗教組織の関係者であり、当時の「つくる会」会員の四分の一は「幕屋」のメンバーだったという内部情報もある。なお、「幕屋」は日本会議の構成団体でもある。

二月二七日の理事会では、まず、藤岡と八木が議長に立候補し、投票の結果八対六で藤岡が議長になり、最初に宮崎事務局長の解任を八対六で可決、次に八木会長、藤岡副会長の解任動議が出され、八木は六対五（棄権三）で、藤岡は七対四（棄権三）で解任が可決された。八木解任に賛成したのは、種子島・九里幾久雄（浦和大学名誉教授）・高池勝彦（弁護士）・田久保忠衛（杏林大学客員教授）・福地惇（大正大学教授）・吉永潤（神戸大学準教授）理事の六名で、八木・内田智（弁護士）・勝岡寛次（明星大学戦後教育史研究センター）・新田均（皇學館大学教授）・松浦光修（皇學館大学教授）理事の五名が解任に反対した。棄権したのは、遠藤・高森明勅（日本文化総合研究所代表）・福田理事で、藤岡は議長のため投票していない。八木と藤岡の両方の解任に賛成した理事が一人いることになる。議長の選出をはじめ、このように投票によって決めたのははじめてであり、それだけ対立が激しかったということである。

解任理由は、宮崎が「財政的損害を生じさせた」こと、八木が宮崎や事務局員数名と〇五年一二月に理事会の了承なく中国に行って、中国の知識人・研究者と論争したこと、それを『正論』（〇六年三月号と四月号）に発表したこととなっている。

当時、八木は「納得がいかない。とくに年長者と話が合わず残念だ」（〇六年二月二八日に配信され、二九日には削除された幻の「つくる会」FAX通信一六五号）、「事実上の解任で（藤岡に）わたしが追放された」（『埼玉新聞』〇六年三月一二日付）と言っている。八木、藤岡は理事として留まったが、宮崎は退職させられ（事実上の解雇）、副会長と事務局長が不在という異常事態になり、まさに、解体・分裂の「危機」に直面した。『産経新聞』（〇六年三月一日付）は、この内紛を「西尾院政」「空洞化の恐れ」などと批判的に扱っていた。

種子島会長は、三月一日に藤岡・福地両理事を「会長補佐」に任命し、藤岡は「事実上復権した」（『産経新聞』〇六年三月九日付）。「つくる会」の会則には、会長、副会長という役員の規定はあるが、「会長補佐」という規定はない。同日には理事会も開かれていないので、会長が勝手に「会長補佐」という役職をつくり、勝手に任命したということになる。これは「つくる会」に「ふさわしく」、きわめて非民主的なやり方である。この結果、藤岡の影響力がいっそう強まったと思われた。

こうした事態を受けて、歴史教科書の監修者の伊藤隆理事（東京大学名誉教授）が「つくる会」に手紙を送り、これまでも「内紛が繰り返されていて、その際は必ず藤岡信勝氏がその紛乱の中心の首謀者だったこと、それがこの会の発展の阻害要因となってきた」「藤岡氏が会の実質上のリーダーとなるような今日の事態の下で」「理事として名を連ねることは」「責任を果たすゆえんではないと判断し」理事を辞めた。

2　内紛・分裂の原因は何か

今回の内紛は、〇五年の採択で目標とした「採択率一〇％以上」にはるかに及ばない結果で「惨敗」（八木）したことが一番の原因だと思われる。〇五年四月末の段階まで、一〇％以上は確実に取れるといっていたのに、歴史〇・三九％、公民〇・一九％と「惨敗」した責任のなすりあいが原因ということである。内紛の第一の原因は私たちの運動の成果がつくりだしたということである。

「つくる会」の内部情報によれば、〇五年九月に西尾・藤岡が採択の責任を宮崎事務局長に押し付けて解任しようとしたが、後述する宮崎擁護派の理事が反対し、宮崎も退任に応じなかったということである（西尾は、八木もこの段階では宮崎解任に賛成だったと自分のホームページの「インターネット日録」に書いている）。西尾が「日録」に掲載した『「つくる会」顛末記』や内部情報によれば、〇五年一〇月から〇六年一月にかけて、宮崎の解任をめぐって、解任反対にまわった八木を加えた日本会議派の内田・勝岡・新田・松浦理事と西尾・藤岡グループの間で、泥仕合のような応酬がつづいていた。この四理事が「抗議声明」を出したり、新田が西尾名誉会長の理事会への出席資格を問題にしたり、八木が全く相反する内容の声明を二回出したりなど、醜い泥仕合を演じている。そして、〇六年一月の理事会で「会に財政的損害を生じさせた」という理由で西尾・藤岡らが宮崎を解任しようとしたが八木・日本会議グループが抵抗して、逆に西尾が退任することになった。

西尾によれば、日本会議派四理事のうち三人と宮崎は、「保守学生運動の古い仲間」だということである。「保守学生運動」というのは、憲法を「改正」して大日本帝国憲法体制に原点回帰し、天皇を中心とした「神の国」をめざすことを方針として、青年教員や教育系学生に浸透を図ってきた日本青年協議会（代表・椛島有三日本会議事務総長）のことである。日本青年協議会は一九七〇年に生長の家青年部を中心に結成されたが、この右翼組織結成時の中心人物には、高橋史朗（埼玉県教育委員長、元「つくる会」副会長）、椛島有三、伊藤哲夫（日本政策研究センター所長）、衛藤晟一参院議員などがいた（俵著『ドキュメント「慰安婦」問題と教科書攻撃』高文研、一九九七年）。

〇五年の教科書採択についての「つくる会」の対策本部長は藤岡副会長で、副本部長が八木会長（いずれも当時）であった。したがって、「惨敗」の責任をとるべきはこの二人であったが、藤岡・八木は責任をとりたくないために、宮崎事務局長（当時）に「戦う姿勢がない」（西尾）という理由で責任を押し付けて解任しようとしたものと推察される。宮崎の解任理由の「会に財政的損害を生じさせた」というのは、「つくる会」のコンピューターの会員名簿管理ソフトが不具合になり、このソフト導入（一〇〇〇万円）の責任者が宮崎だったという理由である。「つくる会」の内部情報によれば、この「コンピューター問題」というのは口実に過ぎなかった。その後もこのソフトは問題なく稼動しているそうで、八木は「コンピューター問題は冤罪だった」（『諸君！』〇六年七月号）と述べている。

【補】『つくる会』内紛の一〇年」で詳しく見るように「つくる会」はこの一〇年間の中でたびたび内部抗争を引き起こしている。そのことは、八木元会長が「本会は発足以来定期的に内紛を繰り返して参りました」（前掲『諸君！』）といい、伊藤隆・元理事も「内紛が繰り返され」と認めている。今回の内紛の第一の原因は前述のように、教科書採択の成果があがらなかったことであるが、「つくる会」が内紛を繰り返すのはこの組織の性格や基本方針にあると思われる。

「つくる会」は第三次教科書攻撃をきっかけに、日本の侵略・加害を否定し、日本人の歴史認識・戦争認識を歪めることを目的にした右派の「大連合」として生まれた組織である。それはある意味で「寄り合い所帯」であり、その内部では常に主導権争いが行われ、それが人事をめぐる抗争として繰り返されてきたのである。また、方針上の問題としては、本来「親米」でありながら、アメリカによる日本の戦後改革や極東国際軍事裁判（東京裁判）が「自虐史観」をもたらしたとして、その点では「反米」の立場をとるという矛盾を内包している。組織内にも「親米右翼」と「反米右翼」が同居し、それが内紛の原因にもなってきた。

さらに、「つくる会」は日本国民を右から統合するために、その前提として、侵略・加害を否定し、日本の戦争は正しかったという極端な歴史認識の定着をめざしてきた。しかし、日本人の多くはアジア太平洋戦争を日本の侵略戦争だと認識していること（例えば、〇一年五月のＮＨＫの世論調査）、アジア諸国をはじめ国際社会では日本の侵略戦争や日本軍「慰安婦」・南京事件を「虚構」などとする主張が通用しないことなど、「つくる会」の路線には基本的な困難さがある。そのことが過去二回の教科書採択でほとんど支持されなかったことにあらわれている。

3　産経新聞社・扶桑社の対応と一時的な内紛収束の動き

〇六年三月一日、種子島会長、藤岡会長補佐が産経新聞の住田良能社長を訪問したが、住田社長は「今回の内紛に関しては、開いた口がふさがらない」と冷たくあしらったということである。また、三月一三日には種子島・藤岡は扶桑社の片桐松樹社長を訪問したが、片桐社長は、「あなた方とは連携できない。八木さんたちに新しい会を作ってもらう」と厳しく宣告されたということである。産経・扶桑社が八木を支持するのは、八木がフジテレビの番組審議委員であり、フジテレビの支持が背景にあるという内部情報もある。

「つくる会」は、事態を収拾するために〇六年三月一一日、一二日に支部長、評議員、理事の合同会議を開催したが、この会議ではかなり激越な議論が展開され、理事会、特に藤岡理事に批判が集中した模様である。各支部の意見は、藤岡批判と種子島体制支持に二分されていたが、一応、種子島会長が出された意見を引き取って収束させたということである。しかし、この会議後も火種はくすぶり続け、「つくる会」東京支部のホームページの掲示板では、藤岡支持派と八木支持派が入り乱れて批判合戦を展開し、八木支持派は、「新つくる会」のメンバー表まで発表していた。

「つくる会」は、三月二八日の理事会で、八木が副会長に就任し、藤岡・福地は会長補佐を解任された。「つくる会FAX通信」（一七〇号）は、「七月総会に向け理事会一丸の取り組みを確認」という見出しで、「八木秀次理事が副会長に就任し、種子島会長とともに方針の具体化に向けて取り組むことも併せて決定されました。この決定は、三月一一・一二日に開催された『第四回評議会及び全国支部長会議（合同会議）』での各代表の意見や広く会員の意向を反映したもの」としている。

『産経新聞』（〇六年三月二九日付）は、「八木氏　会長復帰へ　『つくる会』内紛収束へ」という見出しで、八木は「七月の総会までに会長に復帰すると見られる。同会の内紛は事実上の現状回復で終息に向うことになった」と報じた。さらに、「宮崎氏の事務局長復帰も検討されている」「理事会では、西尾幹二元名誉会長の影響力を排除することも確認された」と書いている。この『産経新聞』の記事に対して、前記の「FAX通信」には、「『産経新聞』（三月二九日付朝刊）で報道された理事会の内容は、憶測を多く含んでおり、『つくる会』本部として産経新聞社に対して正式に抗議しました。とくに、『西尾元会長の影響力排除を確認』『宮崎正治前事務局長の事務局復帰も検討』は明らかに理事会の協議・決定内容ではありませんので、会員各位におかれましては、誤解することの無いようにお願い致します」と書かれている。

この措置が『『第四回評議会及び全国支部長会議（合同会議）』での各代表の意見や広く会員の意向を反映したもの」ということについては、「つくる会」東京支部ホームページの掲示板に、「（ＦＡＸ通信第一六八号に）載せていた三月一一日、一二日の評議会及び支部会議の報告にある、『評議会・各支部代表からの提言と意見』には、八木氏の名前は一つも出てはいません。『広く会員の意向を反映した』（「つくる会ＦＡＸ通信」第一七〇号）とは、どういう事実を指すのか明らかにすべきなのですが、できない嘘だろうと推測されます」という書き込みがある。

この指摘は的を射ていると思われる。「つくる会」が八木を復権させたのは、産経新聞社・扶桑社・フジテレビの圧力が大きかったこと、日本会議の影響力の強い支部からの抗議を無視できず、このまいけば分裂・解体の危機になるために、それを回避するためだったと思われる。八木は三月二八日の理事会前に、ある記者に「産経新聞社は私を支持している、藤岡主導の『つくる会』にはお金を出さない、といっているので、私は必ず会長に復帰する」と語っている。フジサンケイグループが種子島会長や藤岡を説得し（脅かし？）、それに藤岡グループが一応は従った結果だと思われる。そのへんのことについて、西尾はホームページの「日録」で、「種子島会長は八木＝宮崎四人組グループに、三月の初旬のあるときを転機に、完全にとりこにされ……今や百パーセント屈服しているからである。そこには理性も、道理も、判断力も、そして未来への予知力ももはや認めがたい」。藤岡は「教科書問題の残存する場所にひっついていなければ生きていけないからなのか。八木氏に奴隷のように扱われても、伏してお願いし、理事の末端に居残るだろう」と書いている。

ともかく、これによって分裂・解体の危機は一時的には去ったように見えたが、内部対立は根強くくすぶっていた。「今後一切『つくる会』にはかかわらない」と宣言していた西尾は、ホームページの「日録」で、八木と八木グループが産経新聞記者に内部情報を流して自分たちに都合のいい、記事を書かせてきた、「八木、新田の二理事が」「共同謀議をして」「物事を自分に有利に運ぶために報道機関を利用した罪は重く、悪辣であり、（理事会の）調査の結果いかんでは、『つくる会』からの二理事の追放処分が当然の措置となる」書いている。さらに西尾は、福地が八木を「礼儀を知らない無礼な奴だ」と言っていることを紹介し、八木が『公安の犬』に成り下がった」と罵り、八木の主な解任理由は「会長としての職務放棄、指導力不足にあったことが昨夜（三月二八日——引用者）の理事会で確認されているのにそれは（産経新聞記者に）述べられていない」と問題にしている。

前述のように、西尾が暗躍し、理事会も不協和音が残っており、また、藤岡がおとなしく引き下がるとも思えないので、七月二日の第九回総会に向けて、またまた激変があるだろうと予想された。

4　その後も続く内部抗争でついに分裂

「つくる会」の内部抗争はその後も続き、ついに分裂といっていいような状況になった。「つくる会」は、〇六年四月三〇日の理事会で、種子島経会長、八木副会長、内田・勝岡・新田・松浦理事が辞任し、「つくる会」を退会した。「つくる会」は、高池勝彦理事を会長代行に、藤岡・福地理事を副会長に選び、石井昌浩（元国立市教育長）・上杉千年（歴史教科書研究家）・小川義男（埼玉県私立狭山ヶ丘高校校長）・小林正（元参議院議員）・濱野晃吉（コンサルタント会社社長）を新理事に選んだ。その後、さらに、中西輝政（京都大学教授）・田久保忠衛・工藤美代子の三人が理事を辞任し（田久保は顧問に）、杉原誠四郎（武蔵野女子学院大学教授）が新理事に選ばれた。

会長代行の高池は、南京事件の犠牲者で生き証人の李秀英を偽者と書いた『「南京虐殺」への大疑問』（展転社）の著者（松村俊夫）と出版社に対して、李が訴えた李秀英名誉毀損裁判（東京地裁・東京高裁・最高裁で李が勝訴）の被告側弁護団長、南京攻略戦における「百人斬り」はなかった、それを書いたのは名誉毀損として本多勝一（ジャーナリスト）や朝日新聞社などを被告とした「百人斬り」裁判（東京地裁・東京高裁・最高裁で本多、朝日新聞社などが勝訴）の原告弁護団長、東中野修道（亜細亜大学教授）が『「南京虐殺」の徹底検証』（展転社）で南京事件の犠牲者で生き証人の夏淑琴を偽者と書いて夏が名誉毀損で訴えた裁判（〇七年一一月に東京地裁で夏が勝訴、本書六四〜六七ページ）でも被告弁護団長を務めている。これらは、南京大虐殺を否定するための図書や提訴である。さらに高池は、いま、大阪地裁で争われている大江健三郎と岩波書店を被告とした沖縄戦「集団自決」裁判（本書九二〜九三ページ）の弁護団にも名を連ねている。高池は、歴史を歪曲する活動、教科書攻撃を行っている昭和史研究所（所長＝中村粲・獨協大学名誉教授）の幹事でもある。

新理事の石井昌浩は、元国立市教育長として国立市の教育破壊に「功績」をあげ、現在は、拓殖大学客員教授で、〇六年二月一一日に結成された右派教員組織の東京都教育連盟の副会長である。上杉千年は古くから教科書「偏向」攻撃・歴史歪曲を「生業」としてきた元高校教員である。小川義男は埼玉県の私立狭山ヶ丘高校校長で、これまでも「つくる会」のシンポジウムなどに出演してきた人物で、民間教育臨調の協力委員を務め、日本会議の会報『日本の息吹』の常連執筆者である。狭山ヶ丘高校狭山ヶ丘高校は日本会議作成の高校教科書『最新日本史』を採択し続けている。小林正は、元神奈川県教組委員長、元参議院議員（社会党→新進党→自由党と所属政党を変わる）で、民間教育臨調の第四部会長を務めている。小林は、〇六年五月二三日に開かれた統一協会の合同結婚式を兼ねた「天宙平和連合祖国郷土還元日本大会」横浜大会に出席していたことが判明して物議をかもした。濱野晃吉は、経営コンサルタント会社社長で「つくる会」大阪支部長である。杉原誠四郎は、これまでも「つくる会」を支持してきた人物で、教育基本法はGHQの押しつけだという主張をつづけている人物である。この時期に補充された理事のうち、石井・小川は一年後に辞任し「つくる会」も退会して、「教科書改善の会」の賛同者となっている。また、小林はその後会長になるが、後述のように〇七年五月三〇日に解任され、同年八月一日に除名された。

宮崎解任後の「つくる会」の事務局長に就任した鈴木敬之は、元民社党の書記局や鉄労の書記局にいて、国鉄解体でも働いた人物であり、その後、中村粲（昭和史研究所所長）の支援者の中村功（元東日本ハウス会長、元銀河高原ビール社長、東京裁判を批判し、A級戦犯東條英機を賛美する映画「プライド」の制作者）が党首の青年自由党から参議院選挙に出馬したこともある。西村眞悟衆院議員（民主党——当時）の弁護士法違反事件にも関係して逮捕された人物である。

前述の種子島会長・八木副会長の辞任・退会問題について、「つくる会」の会報『史』〇六年五月号に高池会長代行が「辞任に至る議論の経過」を書き、八木が『諸君！』〇六年七月号に「独占手記さらば『つくる会』内紛の全真相を綴る　さては西尾幹二名誉会長の『文化大革命』だったか」という一文を書いている。八木の一文は、〇五年九月からの「つくる会」の内紛の経緯を詳しく紹介しているが、その内容は、私が前述したことを裏付けるものである。この一文には、八木が「つくる会」会員に発信した「退会の辞」（前述のように、すぐに削除されたので幻の「つくる会」FAX通信）が全文載っている。

その中で八木は、「本会は発足以来定期的に内紛を繰り返して参りましたが、『相手代わって主代わらず』という諺があるように、今回は私などがたまたま『相手』とされたに過ぎません。『主』が代わらない限り、本会の正常化は無理であり、また発展も未来もないものと判断し、やむなく退会した次第です」と書いている。この「主」というのは、いうまでもなく藤岡のことである。八木は、自分たちが辞任・退会した四月の理事会で、「手回しのいいことに私たちが退席後、五人の理事が補充され、七月の総会で藤岡氏が会長に就任することが確認されたという」と書き、「私たちを追放し、多くの保守系の友好団体を批判し敵に回してこの会をどう『再建』できるというのだろうか」と書いている。

そして、自分の今後について、『「つくる会」でできなかったこと、やらせてもらえなかったことを私は私なりの立場や手法・人脈でやってみたいと思う』「幸い、これまで『つくる会』を支えてくださった団体が賛意を示して下さっている。……とき至らば前線に出る気持ちは変わらない」と決意を語っている。こうした経緯を経て、「つくる会」は事実上分裂し、八木などが中心になって新組織が発足することになる。

「つくる会」は、〇六年七月二日に第九回総会を開催した。内部抗争がまだくすぶっている中での総会なので、かなり荒れて、マイクを奪い合うような一幕もあったということである。八木をはじめ六人の理事が辞めた経過報告が第二号議案として出されていたが、これは、議案書の別冊になっていて、この議案について紛糾し、理事会はかなり分厚いこの別冊をその場で回収した。

内紛によって、歴史も公民も執筆者の多くが退会している。そのために、方針に執筆陣の確保を挙げ、出版社問題や著作権問題への早急な対処を最重要課題に挙げている。これは、後述するように、八木グループも教科書を発行することを構想として打ち上げているからである。

総会では、小林正が新会長に選任されたが、「つくる会」史上最高齢（七三歳——当時）での就任であった。また、桜井裕子が新理事に選ばれた。内部情報によれば、キリストの幕屋系の事務局員が解雇され、統一協会系の事務局員が残ったということである。小林の会長就任、桜井の理事就任など、統一協会の影響力が強まったといわれた。

桜井裕子の本名は東島裕子で、勝共連合＝統一協会系の『世界日報』の元記者で、〇五年の秋に月刊誌などで性教育問題などを執筆して論壇にデビューしている。「つくる会」の内部情報によれば、桜井は、『世界日報』記者だったことなどの「経歴を隠して論壇にデビューし」、今回、「やはり経歴を隠して『つくる会』理事に就任」したとしている。

九七年一月三〇日に「つくる会」が発足した時の役員で残っているのは藤岡ただ一人になった。

5 「つくる会」の新役員たちは何を主張しているか

「つくる会」会報『史』（〇六年七月号）に小林正会長は「会長就任にあたってのご挨拶」を載せている。この中で小林は、教育基本法を改悪する政府法案について次のように主張している。「政府案の主な問題点は三つあります。一つは『愛国心』の記述です。二つ目は『宗教的情操教育』について、三つ目は『不当な支配』という面妖な記述が残ったという点です。この中、『愛国心』については『他国を尊重する』という記述と抱き合わせる形で、『国を愛する態度』として、明文化される案となっています。これでは『つくる会』が描く国家像とはいえません」。これは日本会議の主張と同じであるが、このように政府法案を批判した小林は、「つくる会」の設立趣意書の一部を引用し、「この自虐歴史観こそが国に対する誇りを失わせ、自信喪失の底流を社会全般に広げ、子どもたちの『心の闇』の原因ともなっているのです。……すでに全国の五千人の中学生が〝新しい歴史〟を学んでいます。この子

資料1　桜井裕子「フェミニストの詐術から脱する方法」（『史』〇六年七月号）

平成元年の学習指導要領改訂に伴って、平成四年より学校現場で行き過ぎた性交教育が行われるようになり、はや一四年がすぎました。当時、小学校に入学した子供たちは、成人を迎えています。

フェミニストたちによる、「セックスをする・しないは“自己決定”による」という扇動の結果は、すでに現れています。高校生の性病罹患率は先進各国の十倍におよび、「結婚前は純潔を守るべきだ」「女は女らしくあるべきだ」という女子高生は三割を切り、小学校段階からの妊娠が報告されています。

自己抑制や道徳を説かない学校現場における淪落（りんらく）奨励によって、今後、「父親が分からない」妊娠・出産が増加することが予想されます。

人は、家庭というゆりかごで、両親の愛情を受けながら育まれて、初めて理性と感情のバランスのとれた「まとも」な人間になります。その家庭を築けないまま出産した場合、生まれてきた子供の将来はどうなるでしょうか。

ここで、私たちは、フェミニストたちが信奉するジェンダー（Gender）や男女共同参画（Gender Equality）という言葉の“素性”について検証しなければなりません。

ジェンダーは、女性学の研究者たちが広めてきたものです。「社会的に形成された男女の区別」を意味するといわれますが、ここには、「女性が社会的に抑圧されてきたから、それを対等以上にすべきだ」というフェミニストたちのメッセージが込められているのです。

いわばジェンダーはフェミニストたちが喧伝してきた“目的つき概念”といえましょう。本来、男女の性別を表す言葉はSexなのです。

さらに男女共同参画は、Gender Equalityを大沢真里・東大教授が翻訳したものですが、これは、「男女の性別がない」、つまり「性差否定」と訳すべき言葉です。

しかしそう訳したのでは、日本では総スカンを食らいます。そこに大沢氏の作為が働き、「男女共同参画」と翻訳し、わが国に定着しました。これは“目的つき訳語”です。

男女共同参画からは、「男女が協力しあう麗しい社会」というイメージがわいてきます。いわば全体主義的フェミニズム思想を定着させるために、最も綺麗に化粧を施されたキーワードが「男女共同参画」でした。私たちはこの言霊に支配されてはなりません。

彼らの企みを見抜いて、全体主義的フェミニズムのくびきから脱するためには、彼らのキーワードである「男女共同参画」を「性差否定」に置き換えることが最も近道です。「性差否定基本法」を遵守したり、「性差否定社会」を理想とする必要はみじんもありません。フェミニストたちの言葉の詐術に惑わされて、日本を滅ばされてはならないのです。

どもたちが我が国の歴史の特色について認識を深め、かけがえのない存在としての自分を自覚するとき、我が国は再生の時を迎えるのではないでしょうか」（『史』〇六年七月号）と主張している。

教育基本法に「愛国心」を明記し、「自虐史観」を克服すれば、国に対する誇りを回復し、日本は再生し、子どもたちの「心の闇」も解決する、それをやるのが「つくる会」の教科書だ、という独善的な主張である。

同『史』には、「六名の新理事がつくる会に大胆提言」という記事が載っている。その中の、桜井裕子の「フェミニストの詐術から脱する方法」と題した一文を資料1に掲げた。ジェンダーや男女共同参画にたいする攻撃には目新しさはないが、統一協会＝勝共連合の主張が随所に見受けられる「お里が知れる」主張である。

三　ついに分裂

1　八木グループは日本教育再生機構・「教科書改善の会」を設立

「つくる会」を退会した八木秀次元会長グループは新組織「日本教育再生機構」準備室を発足させ、〇六年六月一四日に事務所を開設し、七月二七日には「八木秀次さんとともに日本の教育再生を考える夕べ」を開催した。このパーティーの代表発起人は伊藤隆（「つくる会」元理事）、鍵山秀三郎（イエローハット相談役）、中西輝政（「つくる会」元理事）、屋山太郎（政治評論家）である。この四人を含めて発起人には「つくる会」を辞めた理事や米長邦雄東京都教育委員（当時）などの「つくる会」賛同者が名を連ねている。パーティーには二五〇名が参加した。『産経新聞』（〇六年七月二八日付）によれば、「教育界を代表して、三好祐司全日教連委員長や向山洋一TOSS代表が『しっかり連帯したい』『一緒に前進したい』とあいさつした。／ジャーナリストの櫻井よしこさんや外交評論家の岡崎冬彦氏も支持を表明。安倍晋三官房長官、武部勤自民党幹事長、山谷えり子内閣府政務官らのメッセージが紹介された……。／（理事長就任が予定されている八木氏は）①歴史教科書作成など伝統文化の継承、②道徳教育の充実、③性差否定教育や過激な性教育に反対し、家族を再興、……⑤学力と『教師力』の向上」などの基本構想を発表したという。

新組織は歴史教科書を発行するとしているが、「つくる会」も総会で歴史教科書と公民教科書の改訂に取り組むことを決めている。これが今後どのように推移していくかはフジサンケイグループの動向から一定の推測が可能であった。「つくる会」総会には例年来賓として出ていた扶桑社や産経新聞社から誰も出ないで、『産経新聞』も報道していない。さらに、〇六年七月二八日付『産経新聞』は、二七日に東京都教育委員会が都立白鴎高校附属中学校に「つくる会」公民教科書を採択した記事はわずか二一行で、新組織のパーティーの記事は四段五七行で大きく紹介している。『産経新聞』は〇六年七月一八日にも新組織について七段五九行で事前報道をし、八月七日には、一ページの四分の一を使って前記のパーティーでの挨拶や主な出席者名を詳しく紹介している。このパーティーには久坂順一郎・扶桑社取締役と平田静子・扶桑社執行役員が出席している。こうした点から見れば、フジサンケイグループは明らかに八木グループを支持して、次期の扶桑社版は八木たちが編集するものと推測された。そうなれば、「つくる会」は教科書を発行する出版社を探さなければならないと予想された。

いずれにしても、八木グループが新組織を立ち上げたことで、「つくる会」は内部抗争による事実上の分裂が決定的になった。ただし、八木パーティーには「つくる会」の小林会長（当時）、高森理事も参加している。一方、「つくる会」の第九回総会（〇六年七月）後の懇親のつどいでは、八木パーティーであいさつした櫻井よしこ、岡崎冬彦があいさつし、同じくパーティー参加者の小田村四郎・日本会議副会長が乾杯の音頭をとっている。また、パーティー発起人で日本会議東京都本部会長の加瀬英明が「つくる会」会報の『史』（〇六年七月号）に原稿を載せている。こうした状況を見ると、この時点では、この内部抗争はまだまだ完全に分裂に至ったとは単純化できない面があり、なお、その後の推移を注視する必要があった。

日本教育再生機構（「再生機構」）は、〇六年一〇月二二日に正式発足し、八木が理事長に、宮崎正治（「つくる会」前事務局長）が事務局長に就任した。その日に東京で「教育再生民間タウンミーティング」を開催し、七〇〇名が参加したと発表した。ところが、参加者の話では、会場の定員は五〇〇名で七割くらいの参加だったので、実際は三五〇名くらいだったということである。正式発足に先立って、八木は一〇月四日に都内で記者会見し、「安倍政権の教育再生政策を民間でリードしたい」と語り、東京の集会には「提言を受け止める政府関係者として、山谷えり子首相補佐官らの出席を要請したい」としていた。また、八木は、教育再生会議に「意見を述べる公聴会の役割を果したい」「勝手連的に計画したが、安倍氏周辺の感触はいい。政権と一体になるのではなく、草の根運動が政権を動かし、教育再生につなげたい」と語った（『産経新聞』〇六年九月二二日付）。

「教育再生民間タウンミーティング」は、〇六年一一月一七日に金沢市、一二月三日に山形市で開催された。山形市では「地元の教育関係者や保護者ら約二〇〇人が参加し、八木秀次・日本教育再生機構理事長、今井榮喜・県議会議長、逸見良昭・前日本PTA全国協議会副会長らが登壇して、道徳教育の充実や国民の切実な声を政策に反映させることなどを訴えました。／会場には、中山成彬・元文部科学相より『民間でのタウンミーティング開催は教育を再生するために心強い』との旨のメッセージが寄せられたほか、梅原克彦仙台市長が飛び入り参加し、仙台市での『民間タウンミーティング』の開催を要請しました」（「再生機構」ＨＰ）ということである。次いで、一二月一〇日には栃木市で開催された。「登壇者には、和田秀樹氏（精神科医・日本教育再生機構代表委員）、三村正行氏（栃木県ＰＴＡ連合会会長）、鈴木勝己氏（栃木県教職員協議会会長・教員）、和賀悠慈氏（日本青年会議所栃木ブロック協議会会長）、会場には教育関係者・ＰＴＡ関係者、保護者ら約三〇〇人が集りました」と報告している（同前）。一二月一七日には岐阜で開催された。

「再生機構」は〇七年に入ってからも、「教育再生民間タウンミーティング」を一月一四日（神戸）、二月四日（群馬）、三月四日（阿蘇）、三月一一日（静岡）、三月一七日（松江）、六月二日（新潟・三条）、六月二三日（山梨）、六月三〇日（新潟・新発田）、七月八日（仙台）、九月一日（大阪）に開催している。阿蘇には中山成彬元文部科学大臣（日本の前途と歴史教育を考える議員の会（「教科書議連」）会長）が参加した。一二月七日には東京で開催し、渡邉美樹（ワタミ（株）社長、教育再生会議委員）、山田宏（東京都杉並区長）、義家弘介（参議院議員）、細川珠生（東京都品川区教育委員長）、島村元紹（東京商工会議所教育問題委員会委員長）、八木理事長らが登壇した。これらの集会はすべて入場無料ということなので、豊富な財政を支えるスポンサーがいるものと思われる。

また、「再生機構」は、政府の教育再生会議を支援する目的で、有識者による「民間教育再生会議」を〇六年一一月三〇日に発足させた。メンバーは、八木秀次（「再生機構」理事長）、屋山太郎（政治評論家）、中西輝政（京都大学教授）、石井公一郎（日本会議副会長）、木村治美（共立女子大名誉教授）、さかもと未明（漫画家）、篠沢秀夫（学習院大学名誉教授）、森田健作（元文部政務次官）、三好裕司

（全日本教職員連盟委員長）、和田秀樹（精神科医）、小林正（「つくる会」会長――当時）など同機構の役員一一七人で構成している。

「民間教育再生会議」は、〇六年一一月三〇日に同機構の役員四〇人が参加して、「いじめと教育再生」をテーマに第一回会議を開催し、〇七年六月二八日には第二回を開催している。さらに、「民間タウンミーティング」とは別に第一回教育再生シンポジウムを「家族再生への道」をテーマに〇七年二月二五日に東京で開催し、広報誌『教育再生』を発行している。「再生機構」は上記のタウンミーティングなどの内容をまとめて政府の教育再生会議に提出し、安倍首相（当時）のブレーンでもある八木理事長は、〇七年四月二四日に教育再生会議のヒアリングにも招かれて発言している。

安倍晋三前首相は、『美しい国へ』（文春新書）の中でアメリカ・ブッシュのキリスト教原理主義に学んで「グラス・コンサバティブ（草の根保守）運動」をすすめるとしている。「再生機構」や日本会議が安倍の「グラス・コンサバティブ運動」の受け皿になるものと思われる。「再生機構」は、政府の教育再生会議と連携しながら、安倍前首相がすすめた「教育改革」の名による「教育破壊」を、民間の運動として支え推進してきたわけである。

2　扶桑社が「つくる会」と絶縁、教科書発行の子会社設立

これまで新しい歴史教科書をつくる会（「つくる会」）の教科書を発行していた扶桑社が、「つくる会」と絶縁し、次の新学習指導要領にもとづく教科書の発行については、著者構成も新たにし、現行教科書を全面的に書き直すとし、育鵬社という教科書事業を専門に行う子会社を〇七年八月一日に設立した。育鵬社の社長は扶桑社の片桐松樹社長が兼務し、三億円の資本金はフジテレビが出資した。なお、

現行の教科書は次の改訂までは扶桑社が発行・供給を行うということである。

前述のように、「つくる会」は、〇六年四月に醜い内部抗争の末に、八木秀次元会長・種子島経前会長をはじめ理事の半数を超える伊藤隆・内田智・勝岡寛次・新田均・松浦光修・中西輝政・工藤美代子・市田ひろみ（服飾研究家）が辞任した。安倍晋三前首相のブレーンである八木たちは日本会議にバックアップされ、「再生機構」を立ち上げ、ここで「つくる会」は事実上分裂した。

「つくる会」は扶桑社に対して、〇六年一一月二一日、次回の教科書の発行についても自分達が執筆・編集したいと申し入れていた。それに対して扶桑社は〇七年二月二六日に片桐松樹社長名の文書で回答した。回答文は、これまでの教科書発行は「つくる会」と「産経新聞社の意向が一致し、発行が企画され」、「フジサンケイグループの出版社である扶桑社が発行主体となった」と経緯を書き、「扶桑社が発行・発売を自己の責任において」行い、「扶桑社教科書は『新しい歴史教科書をつくる会』がこれを推薦するという構図で発行された」としている。ところが、〇五年九月からの内紛で「つくる会」は「事実上分裂する状況」になり、「貴会の一部有力メンバーの方々が『再生機構』との協同をはっきりと拒否されることを公言されているなど、現状を見ると前回同様の幅広い推薦を頂ける状況にないと判断するにいたりました」としている。

そして、教育基本法「改正」を受けた教科書づくりについて、「次回の中学社会・歴史と公民の教科書発行に新たな取り組みを」をする、「前二回の枠組みが使えない状況下、『新しい酒は新しい皮袋に』という故事」にならって「教科書発行を主業務とする」別会社をつくってそこから発行するとしている。そして、「次回の教科書発行に当たっては、これまで以上に教育界を含めた広範な国民各層からの支持をいただけるものにしなくてはなりません。そこで、この新たな教科書づくりに賛同していただける各界の方々の協力を仰ぎ、別法人が責任を持って教科書を発行する所存」としている。

これは、扶桑社（フジサンケイグループ）による「つくる会」への事実上の絶縁状である。

「つくる会」は、扶桑社のいう「扶桑社教科書は『新しい歴史教科書をつくる会』がこれを推薦するという構図で発行された」という経過について、「つくる会は団体として教科書の執筆に携わったことはありませんが、『新しい歴史教科書』の発行はもともとつくる会が社会的に問題提起したもので、設立趣意書によって教科書の理念を定め、パイロット版『国民の歴史』によって新しい視点を提起し、つくる会の理事が中心的な執筆者となって教科書を執筆し、扶桑社がその発行を引き受けるという経過で進めた事業です。従って、つくる会はでき上がった教科書を『推薦する』という構図で関与したというよりも、基本方針の発案から執筆者の選定、教科書の編集、そしてその後の普及に至るまで、扶桑社との緊密な協力のもとに進めてきたというのが真実」だと反論している。
○一年当時、私たちは「つくる会」が教科書作成に深く関わっているので、教科書発行者に準ずるものとして、教科書の宣伝・採択活動や他社教科書への誹謗・中傷攻撃、『国民の歴史』『国民の油断』や怪文書のばら撒きは、公正取引委員会の「特殊指定」に違法する行為になると指摘した。それに対して、「つくる会」は「教科書作りの発意者にすぎない」、監修者・執筆者になっている理事は「あくまで一研究者として参加している」（高森明勅事務局長＝当時）ので、公取の「特殊指定」の規制を受けないなどと詭弁を弄していた（俵義文著『徹底検証　あぶない教科書』参照）。上述の「つくる会」の主張は、当時の私たちの指摘が正しかったことを裏付けるものであり、あらためて「つくる会」のご都合主義の本質を証明するものである。

3　「つくる会」と扶桑社の交渉決裂、藤岡が新会長に

扶桑社が「つくる会」に「絶縁状」を送った後、「つくる会」と扶桑社の話し合いは平行線のままで、〇七年五月一〇日、「つくる会」は緊急理事会を開催して「教科書発行に関する『つくる会』の見解」を決議した。「つくる会」は「見解」で、「今回の扶桑社の提案は受け入れることはできません」として、次のように主張した。

「現行の『新しい歴史教科書』『新しい公民教科書』は、つくる会と扶桑社の密接な協力によって作り上げたものであり、教科書への社会的評価は高く、他社の教科書にも多大な影響を与え、日本の教育界に大きく貢献したことはだれもが認めるところです。これに大きく手を加えたり、全面的に書き直したりする必要のないものです。従って、これら二つの教科書に必要最小限の改善を加え、次期検定に提出して継続発行することは、企業としての経費の面から考えても最も合理的であり、また企業の社会的責任でもあります。執筆者についても、若干の新しい執筆者は加えるものの、原則としては従来の執筆者のままとし、編集会議は執筆者の間で行うものとするのが実際的であり、賢明であります。扶桑社の再考を求めます。……（「つくる会」の）趣意書の理念を体現した『新しい歴史教科書』『新しい公民教科書』を絶やしてはなりません。つくる会としては、今までの成果を踏まえ、教育基本法の改正が行われたことにも合わせてさらなる改善を加え、採用の現場から上がってきた要望にも積極的に応じ、二つの教科書を堅持することによって国民の期待に応える所存です。つくる会は、会員の固い結束のもとに組織の総力を挙げて取り組み、次期採択をめざして継続発行していく決意を表明します。」

一方、扶桑社側は、現行教科書は事実上廃刊にして、著者も入れ替えて全面的に書き換えるといい、

「つくる会」は堅持するということなので、意見は真っ向から対立しているわけである。

この「見解」決議にもとづいて、「つくる会」は〇七年五月一七日扶桑社側と再度交渉したが、この話し合いも決裂した。「つくる会」は五月三〇日の理事会で「再生機構」の役員になっていて、五月一〇日の「見解」に反対した小林会長を解任し、「再生機構」役員の石井昌浩・小川義男が理事を辞任した。「つくる会」は新会長に藤岡信勝を、藤岡の後任の副会長に杉原誠四郎理事（武蔵野女子学院大学教授）を選任した。八木たちが解任され分裂してから一年で「つくる会」は再分裂したわけである。これによって、九七年一月の発足時の役員で残っているのは藤岡ただ一人になった。また、この理事会では「扶桑社側から、教科書発行について示された方針の白紙撤回が無い限り、当会からは交渉しない」という方針を決めた。「つくる会」は五月一〇日に出した「見解」で、「つくる会」の「趣意書の理念を体現した『新しい歴史教科書』『新しい公民教科書』を絶やしてはなりません」といって、この教科書を堅持し、これを発行してくれる出版社を公募するとした。

「つくる会」は、〇七年六月一三日に次期教科書の代表執筆者を、歴史が藤岡会長、公民が小山常美理事（大月短期大学教授、五月三〇日に理事に就任）と発表した。小山は、二〇〇一年一一月に草思社から『歴史教科書の歴史』を発刊しているが、その中で、「つくる会」以外の中学校歴史教科書について、「歴史教科書は、昭和五三年度以降、自国の近代史を全否定していき、反日原理主義の性格をもつにいたった」と結論づけている。「つくる会」教科書については、これを評価し、「『新しい歴史教科書』は、戦後歴史教科書の三つの歴史的背景に挑戦し、特に第三期教科書にいちじるしい、五つの戦後教科書の否定的な特徴を克服した。その意味で、『新しい歴史教科書』は、戦後歴史教科書の第四期を切り開く魁《さきがけ》である」と書いている。

理事になった小山は、早速「つくる会」会報『史』（〇七年七月号）に四ページを使って「占領管理基本法としての『日本国憲法』　歴史教育再建のために必要な『日本国憲法』の無効確認」という一文を書いている。わざわざカッコつきで「日本国憲法」と表記する小山は、「内容面から見て『日本国憲法』は憲法として無効である」「成立過程から見ても『日本国憲法』は無効である」と主張している。「内容面から見て無効」という理由は次の三つである。

「第一に、『日本国憲法』前文は、日本の歴史も展開せず、日本の神仏に対する敬意も示さず、ただ欧米起源の『人類普遍の原理』に対する信仰を表明している」「日本国は、『日本国民は、……政府の行為によって再び戦争の惨禍が起ることのないようにすることを決意し』とあるように、軍国主義的な国家と蔑まれている」「『日本国憲法』とは、日本及び日本人を差別する『憲法』である。／前文に示された日本人差別思想は、一九七〇年代には東アジア反日武装戦線という組織を生み出す。」

「第二に、『日本国憲法』は、第九条で自衛戦争の権利と自衛戦力を放棄した。第九条を合理化するために、前文の中で『平和を愛する諸国民の公正と信義に信頼して、われらの安全と生存を保持しようと決意した』と述べた。／国の安全を他国に委ねれば、必然的に外交権も掣肘《せいちゅう》されることになる。防衛と外交を他国に委ねる国のことを保護国という。つまり、『日本国憲法』は『保護国を目指す憲法』である。」

「第三に、『日本国憲法』は、天皇を『元首』（政治的権威）から『象徴』に矮小化し、日本の国体を毀損した」「日本人は、歴史を学び直す中で、いかに天皇を最高権威とする国体というものが、日本国家の継続性、独立性を保障してきたか、再認識すべきである。」

小山は、七〇年代の大企業爆破などのテロは日本国憲法に原因があると強弁している。彼の主張は、時代錯誤もはなはだしい、ことわざにいう「理屈と膏薬はどこにでもつく」という見本であり、とてもまじめな研究者の論とは思えない。こんな人物が編集する公民教科書は、大日本帝国憲法（明治憲法）を賛美し、憲法を改悪して天皇中心の国に日本を変えることをめざすものになるに違いない。改悪教育基本法がいう「伝統・文化」を大切にした教科書とはこのようなものかと思うと背筋が寒くなるのは私だけではないであろう。さらに小山は、「日本国憲法」の有効論が「歴史偽造を招く」といい、この憲法を有効とするから教科書に侵略戦争や南京大虐殺や日本軍「慰安婦」などが記述されることになった、と非難し、結論として、「歴史偽造を停止し歴史教育を再建するためには、『日本国憲法』が憲法として無効であることの確認が必要であろう」と強調している。

「つくる会」は〇七年六月一三日、初版代表執筆者・西尾幹二、改訂版代表執筆者・藤岡信勝名で、扶桑社に対して「通知書」を出し、「つくる会」歴史教科書の「初版及び改訂版の代表執筆者として、同書の著作権者一同を代表し、現行版（改訂版）の配給終了をもって、御社に対する著作権使用許諾を打ち切る」とし、育鵬社が今後発行する教科書は、「内容、形式、理念のいずれの面から見ても、本教科書の初版及び改訂版の模倣とは認められないものとされるよう、強く要求し、警告申し上げます」としている。さらに、六月二一日には、「十年かけて育てた『新しい歴史教科書』を絶やさないで下さい!!――有識者の皆様への訴え」というアピールを出した。

この「アピール」は、扶桑社・フジサンケイグループ・「再生機構」・「教科書改善の会」（後述）などによる有識者の取り込み、「つくる会」の「地方会員の引き抜きや支部組織の切り崩し」（同「アピール」）に対抗してだされたものである。

4 「つくる会」教科書の発行者が自由社に決まる

「つくる会」は〇七年九月七日、次期の教科書は自由社（東京・文京区）から出版する、と発表した。自由社は月刊誌『自由』を発行している出版社である。『自由』は敗戦後の左派知識人に対抗するために設立された「日本文化フォーラム」で活躍していた右派知識人の雑誌として一九五九年一月に発刊されたが、これを発行するためにつくられた出版社が自由社である。『自由』が発刊された当時は、安保闘争（日米安全保障条約改定に反対する大闘争）の高揚期であり、右派知識人たちは、『自由』によって雑誌『世界』（岩波書店）に対抗することをめざした。発刊当時の『自由』の編集委員は、竹下道雄（編集代表）・木村健康・林健太郎・関嘉彦・平林たい子・別宮貞雄・河北倫明で、後に福田恆存・西尾幹二が参加している。『自由』が「源流となって一九七〇年代に『諸君！』、ついで『正論』が創刊された」と「つくる会」はFAX通信で紹介し、西尾幹二「つくる会」元名誉会長は「『自由』は『諸君！』の母胎なのです」と自身のブログに書いている。その西尾が論壇にデビューしたのは『自由』誌上であり、一九五三年に「自由新人賞」を受けている。

西尾は名誉会長を辞めて「つくる会」を退会した時に、今後は「つくる会」運動にはいっさい関わらないと宣言したにもかかわらず、その後も藤岡などと連携してうごめいている。〇七年九月九日の第一〇回総会にも出席し（会員ではないので会場に入らずロビーにいたそうである）、総会後の懇親会に参加して挨拶している。自由社が「つくる会」教科書の発行を引き受けたのは西尾との関係ではないかと推測される。

『諸君！』『正論』が生まれた背景には、自民党の文化・マスコミ対策がある。松浦総三編『文藝春秋の研究』（晩聲社、一九七七年）によれば、六〇年安保以後の市民運動、左翼運動の高揚に対抗して、自民党はマスコミ・文化対策に着手し、「極右・現実右翼・自民党支持の文化人ばかりを結集した日本文化会議による学者・文化人と文春文化人を執筆者として、文藝春秋編集部によって編集された右派オピニオン雑誌」として、七〇年安保の前年の一九六九年五月に創刊されたのが『諸君！』である。

『正論』は、産経新聞の鹿内信隆社長（当時）によって季刊雑誌として創刊されたのが七三年一〇月で、七四年五月号からは月刊誌になった。松浦（ジャーナリスト）は、七〇年代に自民党の文化人・学者・言論・出版・報道メディア対策によって、この二誌が生まれた状況について次のように述べている。

「政府・自民党文化人は、正に百花繚乱として咲き乱れる観がある。その中心は、『日本文化会議』の人びと、雑誌『諸君！』グループ、そしてサンケイ新聞『正論』グループなどの人びと、と三つに分けることができる。しかし、この三つのグループは、天皇支持、親米、反共という点では完全に一致しているから、人脈的には相当ダブっているようだ。（中略）『諸君！』グループの中心は日本文化会議グループであるが、日本文化会議のシンパや文藝春秋の常連ライターも、かなりふくまれている。『正論』グループはサンケイ新聞の〈正論〉というオピニオン欄に、執筆する学者やジャーナリストたちで、これまた日本文化会議の人々が多く含まれている。」（松浦総三「背景としての『諸君！』と『文藝春秋』」、本多勝一編『ペンの陰謀——あるいはペテンの論理を分析する』潮出版、一九七七年）

『自由』の編集長でもある自由社の社長の石原萠記は八二歳で、従業員は二名、資本金は二四〇〇万円、『自由』発行の他には、年一、二冊の単行本を発刊する小さな出版社である。ところで、教科用図書（教科書）の発行資格は、「教科書無償措置法」（義務教育諸学校の教科用図書の無償に関する法律）、文部科学省「教科書制度の概要」によれば、次の要件を満たしている場合にのみ、与えられることになっている。

①資本の額（出資の総額）又は資産の額が一〇〇〇万円以上であること。

②もっぱら教科書の編集を担当し、これを適切に行いうると認められる者が五人以上置かれていること。

③図書の出版に関する相当の経験を有する者がいること。

④図書の発行に関し、著しく不公正な行為をしたことがないこと。

自由社は、資本金は二四〇〇万円であるから、①の要件は満たしているが、明らかに②は満たしていない。少なくとも現時点では発行資格を満たしていない会社だということになる。検定申請までに編集担当社員を増やす必要がある。「つくる会」の藤岡はこうしたことを知っているのだろうか。

5　扶桑社が無責任にも「つくる会」教科書はダメな欠陥本と認めた

「つくる会」の新会長に就任した藤岡信勝は、〇七年五月三一日に「創立の初心に立ちかえり、『つくる会』一〇年目の挑戦にお力添えを」と題した「会長声明」を出した。その中で、扶桑社が「つくる会」と絶縁した理由について、次のように述べている。

「二月に扶桑社から受け取った回答は、従来のつくる会との関係を解消するというものでした。その後の調査で、その理由は〈現行の『新しい歴史教科書』に対する各地の教育委員会の評価は低く、内容が右寄り過ぎて採択が取れないから〉であり、社の方針に賛同する人々を執筆者とし、書名も変え、別会社をつくって発行するというものであることが判明しました。」

つまりこれは、扶桑社自身が、「つくる会」教科書は「各地の教育委員会の評価は低く、内容が右寄り過ぎて採択が取れない」ということを認めているということである。この評価は「つくる会」の評価と正反対である。さらに、藤岡は「自由主義史観」研究会の会報『歴史と教育』（〇七年五月号）で、次のように書いている。

「出版社名も教科書名も変わり、執筆責任者と執筆者を入れ替え、教科書の内容を全面的に書き換えるのですから、これは『新しい歴史教科書』の改訂ではなく、『新しい歴史教科書』を『廃刊』にするという決定です。屋山氏は率直に、つくる会は教科書がなくなるのだから、雲散霧消するが、つくる会には人材がいるから、育鵬社の教科書に参加する人材は受け入れるがダメな人はいらない、と語りました。このように、組織としてのつくる会を消滅させ、個々人を一本釣りして集めることを真部氏（扶桑社――引用者）などは『オールジャパン』体制とよんでいます。しかし、『西尾の書いた部分はどんなに金がかかっても全部書き直す』（フジテレビ役員）、『教科書発行は藤岡を執筆者からはずすことが絶対条件である』（片桐松樹・扶桑社社長）といった発言が伝えられていることからもわかるとおり、現行の『新しい歴史教科書』の骨格をつくり、大部分を執筆している西尾、藤岡両名を排除した上で唱えられる『オールジャパン』は言葉と実態が全く乖離しています。」

つまり、西尾や藤岡が書いたものは全部ダメだとフジサンケイグループと扶桑社が主張しているということである。このように、扶桑社及びフジサンケイグループは、現行の「つくる会」教科書は「右寄り過ぎて」「教育委員会の評価も低い」ために「採択が取れない」ダメな欠陥教科書だと考えているということである。

極めて無責任なことであるが、版元の扶桑社自身が現行の「つくる会」教科書（扶桑社版）はダメな教科書だと主張しているわけであるから、この教科書を採択した教育委員会の責任も問われることになる。この教科書を採択している東京都杉並区、栃木県大田原市、東京都、滋賀県、愛媛県の教育委員会や私立中学校は、まだこの教科書を使い続けるつもりであろうか。

6 「再生機構」は「教科書改善の会」を設立

「つくる会」と絶縁した扶桑社・フジサンケイグループが、改悪教育基本法を基にして、より巧妙な歴史歪曲教科書、憲法改悪推進の教科書をつくり、第三次教科書「偏向」攻撃を引き続き推し進める「グラス・コンサバティブ（草の根保守）運動」（安倍晋三）のために、あらたに手を組むのは、八木が理事長を務め、日本会議がバックアップする日本教育再生機構である。そして、この「再生機構」が「教科書運動」のために設立したのが、「改正教育基本法に基づく教科書改善を進める有識者の会」（「教科書改善の会」）である。「教科書改善の会」は、〇七年四月はじめに政治評論家で「再生機構」の顧問である屋山太郎が代表世話人になって呼びかけていた。

「呼びかけ」では、「教科書改善の会」が行う活動は「①現行教科書の比較研究による改善の視点の提示／②教科書執筆者の推薦／③教科書編集への助言ならびに提案／④教科書採択へむけた幅広い支援ネットワーク構築／⑤採択関係者への健全な教科書採択のよびかけ」となっている。これらの活動はこれまで「つくる会」がやっていたことである。つまり、「教科書改善の会」なる組織が「つくる会」に代わって、扶桑社がいう「幅広い推薦母体」をめざすということである。

屋山は「再生機構」の顧問で広報誌『教育再生』創刊号の巻頭言を書いているが、安倍前首相とも関係の深い人物である。しかも「教科書改善の会」の事務局は「再生機構」と同じところにあり、FAX番号も同じである。つまり、「教科書改善の会」は「再生機構」の教科書運動組織ということである。「教科書改善の会」が編集し、育鵬社が発行する中学校の新教科書の編集委員会の座長は、歴史が伊藤隆（元「つくる会」理事）、公民が川上和久（明治学院大学教授）で、編集委員会顧問に屋山、八木、小林正（「つくる会」会長——当時）がなっている。

伊藤隆は、「つくる会」の設立当初からの理事で、「つくる会」歴史教科書の初版本と現行本の監修者である。伊藤は東京大学名誉教授で、彼の推薦によって教え子がたくさん文部省・文科省の教科書調査官（検定官）になっている。現在、「つくる会」副会長で藤岡と「運命を共にしている」福地惇（大正大学教授）もその一人である。福地は、「つくる会」教科書の検定を二年後に控えた九八年四月に高知大学教授を辞めて社会科主任教科書調査官になった。彼は、規則を犯して検定中の教科書の内容を雑誌（『MOKU』二〇〇〇年九月号）で公開し、また、「教科書は戦争贖罪のパンフレット」だと誹謗し、教科書調査官が守らなければならない教科書検定基準の「近隣諸国条項」が日本の教科書を悪くしていると攻撃した。二〇〇〇年一一月二五日に子どもと教科書全国ネット21など六団体が福地の解任を要求し、当初、「本人も反省しているので問題はない」といっていた有馬朗人文部大臣（当時）が一一月二六日に教科書調査官を解任した（詳しくは出版労連『教科書レポート』九九年版の俵報告参照）。また、〇六年度高校教科書の検定で沖縄戦の住民集団死の記述から「日本軍の強制」を削除・修正させた担当の村瀬信一教科書調査官も伊藤の弟子である（第3章二を参照）。

川上和久は、八二年に東京大学大学院社会学研究科社会心理学専攻博士課程に入り、八六年に単位取得退学し、同年に東海大学文学部広報学科情報社会課程専任講師、九一年助教授になり、九二年に同大学を辞めて明治学院大学法学部助教授、九七年同教授になっている。ＨＰによると川上の肩書は、明治学院大学法学部長、（社）新情報センター理事、日本広報協会広報アドバイザーとなっている。専門は、政治心理学・戦略コミュニケーション（広報・広告・情報操作）論ということである。彼の専門の講演テーマは、『政治とメディア』政治によるＰＲ戦略や、情報操作の実態について、米国における過去の事例や現在進行しつつあるＰＲの現実等を分析」ということである（ちなみに講演料の目安は一五万円とＨＰにある）。川上は、自由民主党国家戦略本部、自由民主党中央政治大学院ウーマンオープンカレッジなどで講演し、読売新聞の国政選挙ネットモニター調査に協力し、日本文化チャンネル桜の「渡部昇一の大道無門」に出演するなどの活動をしている右派の人物である。

「教科書改善の会」は、〇七年七月二四日に正式に発足し、記者会見で、設立趣意書、役員一覧、事業概要を発表した。

会見には、屋山のほか、歴史教科書の編集委員会座長の伊藤、公民教科書の編集委員会座長の川上、八木が出席した。同会のＨＰトップに、「当会は、扶桑社の教科書事業が独立して設立されたフジサンケイグループの教科書会社『育鵬社』による中学校歴史・公民教科書の発行を側面支援する有識者グループです」とうたっているように、会見では「中学校歴史・公民教科書については、扶桑社の子会社として八月一日に設立される『育鵬社』の教科書発行事業を支援し、『これまでの（扶桑社）教科書より、わかりやすく、こなれた記述にあらため、教育現場などから幅広い支持がえられる教科書にしたい』（屋山）と、教科書研究の活動をすでに開始していることなどを明らかにしました。／また、小学校や高等学校の教科書、『徳育』をはじめとする他の教科書についても、会の趣旨に賛同する出版社を側面支援し、発行に導いていくと述べました」（同会ＨＰより）。

「教科書改善の会」の役員は、代表世話人が屋山太郎、世話人は、石井公一郎（日本会議副会長）、小田村四郎（日本会議副会長）、中西輝政（京都大学大学院教授、元「つくる会」理事）、三浦朱門（元文化庁長官、元教科書改善連絡協議会会長）、三宅久之（政治評論家）、村上和雄（筑波大学名誉教授）、渡部昇一（上智大学名誉教授）、渡辺利夫（拓殖大学学長）の八名、事務局長は八木である。ほとんどが日本会議の役員又は関係者である。〇七年四月に屋山が出した呼びかけで、世話人をお願いしている人の名前があったが、その内、櫻井よしこ（ジャーナリスト）、曽野綾子（作家）、中島嶺雄（国際教養大学学長）、西澤潤一（首都大学東京学長、民間教育臨調会長）、藤原正彦（お茶の水女子大学教授）の五人は世話人を引き受けなかったようである。

賛同者は、〇七年七月二三日現在一〇五名と発表している（八月二二日現在一〇七名）。賛同者の中には、「つくる会」の二～五代会長だった、田中英道・八木秀次・種子島経・小林正をはじめ、石井昌浩・伊藤隆・内田智・小川義男・勝岡寛次・新田均・松浦光修の元理事、宮崎正浩前事務局長、島田洋一公民教科書監修者など、「つくる会」関係者をはじめ「つくる会」の賛同者が多数含まれている。さらに、椛島有三日本会議事務総長をはじめ、日本会議の役員・関係者も多数名を連ねている。

筆者はかねてより、「教科書改善の会」は第二「つくる会」だと指摘したが、それは、同会の設立趣意書（資料2）や「主な取り組み」からも明らかである。

「教科書改善の会」は九月二九日、発足記念の「教科書改善シンポジウム」を開催し、七〇〇人が参加（主催者発表）した。中山成彬・元文科相（「教科書議連」会長）は「激励と連帯の挨拶」で次のように述べた。

「（文科相）のときは教科書採択の年だったものですから、いろんな問題がございました。国会

資料２　教科書改善の会「改正教育基本法に基づく『日本の教科書』を！」
（設立趣意書）
（教科書改善の会＝改正教育基本法に基づく教科書改善を進める有識者の会）

学校の教科書は、それで学ぶ子供たちはもとより、教師や保護者にとっても「教育の拠り所」であるとともに、その国の将来の姿を映し出す鏡でもあります。

義務教育の教科書が「無償」で供与されるのは、次世代を担う日本の子供たちに良質で均等な教育環境を保証することが、国家の盛衰にかかわる重大事にほかならないからです。

昨年十二月、制定から約六十年を経てはじめて「教育基本法」が改正され、さらに本年六月には、学校教育法などの教育三法も改正され、教育をめぐる「戦後の枠組み」は根本的に改められることになりました。教科書においても、近く「学習指導要領」が改訂され、次回の教科書検定より改正された教育基本法、学校教育法、及び学習指導要領の新しい指導理念のもと、従来の教科書は大幅に書き改められることになったのです。

これまでにも幾たびか教科書改善の道は模索されてきました。しかしながら、【旧教育基本法】が厚い壁となってそれを阻んできました。「旧教育基本法」は、自国への「愛」や「道徳心」を育み、「公共の精神」を重んじ、先人が培ってきた尊い「伝統」を受け継ぐという、どの時代、どの国であっても、およそ公教育には不可欠な理念が欠落しているものでした。その結果、「旧教育基本法」のもとでの教科書改善は、執筆にせよ、採択にせよ、どうしても限界をともなうものでした。

しかし、今、その壁が取り払われたのです。

私たちは、このような新時代の到来を歓迎するとともに、それに相応しい教科書を子供達に届けるため、これまで教科書改善に取り組んでこられた方々の志を受け継ぎ、あらたに幅広い教育関係者の皆様の賛同を得て、「改正教育基本法に基づく教科書改善を進める有識者の会」を結成しました。

私たちの目的は、改正教育基本法の理念に沿った教科書の作成ならびにその普及を側面から支援し、不毛な戦後イデオロギーから子供たちを解き放ち、我が国に古くから伝わってきた清らかで明るく躍動感に満ちた希望の光を、子供たちの心にともすことです。

今、日本の子供たちにもっとも必要なのはこの自国への素直な愛と希望の光であり、そこから自然に生まれる「自己肯定感」です。子供たちに身につけて欲しい「生きる力」や「思いやりの心」、そして「国際理解」も、自国への素直な「愛と誇り」と「自己肯定感」から生まれるのではないでしょうか。

時は満ちました。

「改正教育基本法」が求めているのは、最新の学問的研究成果に基づき、現場の先生方の豊かな経験を生かした、子供たちの目が輝き出す教科書です。清らかで明るく、正しく直く、平易にして品格のある教科書を子供たちは待っているのです。そんな教科書が誕生し、多くの子供たちに読まれるために、私達はできる限りの活動を行って参ります。

今を生きる大人から次代を担う子供たちへの最大の贈り物。

そんな胸を張って誇れる教科書を子供たちに届けるため、一人でも多くの皆様のご理解とご支援を願ってやみません。

平成十九年七月二十四日

でも野党の議員から『扶桑社の教科書をどう思うか』と聞かれまして、『バランスがとれてると思うよ』と言うと新聞に突っ込まれるという、そういう時代でした。できるだけたくさんの学校で採択されるといいのになあと思いましたけど、反対勢力といいますか、妨害等もありまして、またいろいろと、まだまだ周知徹底がなされていなかったということもございまして、そういう意味では扶桑社にはご迷惑をおかけしたんじゃないかなと、心苦しく思っておりましたが、今回こうして教科書を作るということでご支援ご協力をいただけるということで、本当にうれしく思っている次第でございます。また、素晴らしい執筆者の先生方も並んでおられまして、今度こそ何とか、きちっとした歴史観に基づいた教科書を子供たちに提供しなきゃいかんなと、そういう思いできょうは出て参ったところでございます。」（同会のＨＰブログより）

パネリストは、伊藤隆、川上和久、田中英道（元「つくる会」会長）、中西輝政（京都大学教授、元「つくる会」理事）、橋本俊英（荒川区立第五中学校校長）で、八木秀次（「教科書改善の会」事務局長）がコーディネートをした。「つくる会」歴史教科書の監修者でもある伊藤は「日本は正しい戦争、防衛戦争を戦った」（参加者のメモ）などと、およそ実証主義の歴史学者とは思えない発言をしている。沖縄戦「集団自決」検定を行った村瀬教科書信一調査官の師匠にふさわしい発言というべきだろう。

7 「つくる会」と「教科書改善の会」の対立と野合

〇七年五月三一日の藤岡会長声明に対して、扶桑社は片桐社長名で六月二六日に反論する「見解」を出し、それに対して、「つくる会」は七月六日に再反論を出した。さらに、七月一〇日、藤岡は八木を名誉毀損による損害賠償金一一〇〇万円を要求して東京地裁に提訴し、「つくる会」が全面支援を決めた。さらに「つくる会」は八月一日、小林正前会長を除名処分にした。また、〇六年三月に「つくる会」理事らの自宅に「藤岡氏が〇一年まで共産党員だった」という内容の怪文書がFAXで流された件で、〇六年一二月に前記の怪文書の作成者が「八木の手下である産経新聞の記者である」と藤岡が自身のブログに書いたことに対して、この記者が藤岡を名誉毀損で刑事告発していた。これに対して〇七年九月、藤岡は、八木や産経新聞記者らを業務妨害で刑事告訴した。まさに醜い泥仕合である。

「つくる会」と扶桑社の対立は、前述のように現行教科書の評価が完全に正反対であることに加えて、「つくる会」の現状に対する認識が正反対である。扶桑社は「つくる会」は内紛によって分裂した、「つくる会には内紛が絶えないから手を引く」としている。それに対して、「つくる会」は、〇六年、西尾名誉会長、八木元会長や一部の理事が辞めたが、「しかし、それ以後も、会は正常に活動し、会が分裂した事実もなければ紛争が起こったこともありません」と強弁して、「内紛や分裂はない」と事実を偽っている。

では、今後、「つくる会」と「再生機構」・「教科書改善の会」・扶桑社（育鵬社）の対立はどう展開していくのだろうか。

「つくる会」は扶桑社、フジサンケイグループと絶縁し、現在の扶桑社版教科書を改訂して自由社から発行する。「つくる会」は九月九日に第一〇回総会を開催して、「教科書改善の会」に対抗する「国民へのアピール」（本書四五ページ）を採択した。

「総会議案書」によると、次期の教科書について、「歴史教科書については、全体の三割程度の改訂を目処とする。装丁・レイアウトなどは一新し、新しい商品として市販して通用するものとする。ただし、趣意書に基く内容の基本線はしっかり堅持する。／公民教科書については、白紙から企画・編集する。つくる会の公民教科書として恥じない、ふさわしいものを目指す」としている。

ところで、決算報告（〇六年四月一日～〇七年三月三一日）などによると、収入は前期の半分以下の約四二五〇万円で前期よりも約四五六〇万円も減って約一八二〇万円の赤字決算になっている。会費収入は約一五一〇万円減り、内部抗争と分裂によってかなりの会員が辞めたことが伺える。他に減ったのは、寄付金約一八九〇万円、事業収入約五五〇万円、雑収入約六一〇万円である。

「つくる会」は、「再生機構」・「教科書改善の会」との間で会員や支持者・賛同者の争奪で激しいバトルを展開している。総会方針でも「会員を拡大し、賛同者を広げる」ことを決めている。

一方、「再生機構」・「教科書改善の会」は、日本最大の右翼組織である日本会議と結びついている。日本会議と連携する議員連盟（日本会議国会議員懇談会）は、自民党国会議員の過半数以上を占め、民主党議員も一定数所属している。「教科書改善の会」の八人の世話人の内二人が日本会議副会長の石井公一郎（ブリヂストンサイクル元社長）・小田村四郎（元拓殖大学学長）であり、賛同者にも同副会長の小堀桂一郎（東京大学名誉教授）・山本卓眞（偕行社会長、富士通名誉会長）をはじめ、同事務総長の椛島有三、同代表委員の宇佐美忠信（富士社会教育センター理事長）・佐藤和男（青山学院大学名誉教授）・千玄室（裏千家前家元）・寺島泰三（日本郷友連盟会長）・廣池幹堂（モラロジー研究所理事長）などが名を連ねている。八木とともに安倍晋三前首相のブレーンといわれていた伊藤哲夫（日本政策研究センター所長）・島田洋一（福井県立大学教授、「つくる会」公民教科書監修者）・中西輝政（京都大学教授）らも「教科書改善の会」に参加している（中西は世話人、伊藤・島田は賛同者）。西尾・藤岡を除く「つくる会」歴代会長をはじめ、石井昌浩・内田智・小川義男・勝岡寛次・新田均・松浦光修など多くの元理事、宮崎正浩前事務局長、元「つくる会」会員や賛同者のかなりの部分が「教科書改善の会」に参加している。

その意味では、今後の右派教科書運動、歴史歪曲運動は「教科書改善の会」を主体として推進されるものと思われる。

これまで詳述したように、「つくる会」と「教科書改善の会」は教科書攻撃と歴史歪曲教科書発行での「主導権争い」をしているが、それは醜い泥仕合の様相を呈している。その「論争」のなかで、「つくる会」は南京事件や「慰安婦」などについて次のように主張している。少し長くなるが引用する。

「育鵬社の教科書制作を支援する『教科書改善の会』（代表世話人・屋山太郎氏、事務局担当・八木秀次氏）が最近発表した教科書編集の基本方針によれば、『南京事件については、事件の存否・規模について学説上の対立があり、実態が把握できないことを明記する』とのことです。しかし、南京事件についてはこの一〇年で画期的な研究の前進があり、『実態が把握できない』どころか、虐殺はなかったという実態がほとんど余すところなく明らかになっています。また、基本方針は『いわゆる従軍慰安婦については、発達段階を考慮し記述しない』と書いています。裏返せば事実関係を争わないという宣言であり、つくる会の趣意書の精神とは正反対の執筆態度です。教科書問題の原点ともいうべき二つの歴史偽造を決して受け入れてはなりません。このことは、つくる会が扶桑社と袂を分かち、独自の道を歩むことの正しさをも実証するものです。

我が国日本は戦後、ありもしない不当な非難を浴びせられても、国家として正しい主張を明確にしてきませんでした。その結果、日本の子供たちが学ぶ教科書は極めて憂うべき状態になりました。つくる会はこのような状況の中で立ち上がったのです。つくる会はいまこそ、設立趣意書の精神に立ち返り、我が国の歴史に愛情と誇りを持ち、新たな国家と国民の在り方を求める『自由社版・つくる会教科書』を一人でも多くの子供たちに手渡すべく、渾身の努力を続けて参ります。」（「つくる会」第一〇回総会「国民へのアピール」、〇七年九月九日）

これに対して「教科書改善の会」は二日後に次のように反論している。

「南京事件については、現行の『改訂版　新しい歴史教科書』の記述の基本線を維持すること、慰安婦問題については、これも現行版の趣旨を維持し、事柄自体を記述しないという執筆の方針を明らかにし、決して記述が後退するものではないという趣旨を明示したのが『基本方針』であります。

ここで考えておかなければならないのは、教科書には文部科学省の厳しい検定があるということです。実は、扶桑社版の過去二回の歴史教科書は検定の申請段階で南京事件について、事件そのものが虚構であった旨を記述致しました。しかしながら、それは文部科学省の受け入れるところとならず、むしろ検定意見で逆にそれに倍する自虐的な記述を求められるという結果を招き、現行版のような記述に落ち着いたという経緯があります。

一般書籍であれば、『南京事件』そのものが虚構であることを書くことは可能であり、当会の役員・賛同者のほとんどの方々も虚構であると考えておられると思います。しかしながら、教科書に書くことは、現段階では極めて困難です。書けば、前二回と同様、『仕返し』によって、意図しない自虐的な記述を求められることになります。いわゆる近隣諸国条項など検定基準の改善を求めていくことはもちろん必要ですが、次回検定までに、大きく改善されることは残念ながら望めません。そこで検定という大きな制約の中で記述を現行版から少しでも改善することを考えて、犠牲者数のみならず『事件の存否』についても学説上の対立があること、すなわち疑問が呈せられていること、事件そのものを虚構として否定する有力な学説もあるのだ、という記述にできないかと、熟慮を重ねた『含み』を込めた表現が先の『基本方針』であることをご理解頂きたいと思います。

いわゆる従軍慰安婦についても、日本軍や官憲による強制連行がなかったという歴史事実については承知のことです。しかしながら、『強制連行はなかった』と記述することよりも、中学一年生か二年生という思春期の多感な年齢に『軍隊と性』の問題や公娼制度すなわち売春という優れて大人の問題を教えるのは如何なものか、という教育的な配慮から、事柄自体を記述しないのが良かろうという結論に至ったものです。実は現行版の『新しい歴史教科書』も同じ理由から慰安婦については事柄そのものを記述しておらず、先の『基本方針』は現行版の趣旨を継承しているものであることをご理解頂きたいと思います。」（教科書改善の会「当会の『教科書改善の基本方針（概要）』に対する一部での悪宣伝について」、〇七年九月一一日）

つまり、南京事件や「慰安婦」は虚構であるという点では両者は一致しているということである。彼らは、歴史歪曲教科書発行の主導権争い、右派知識人や支持者のとりあいでは醜い対立・抗争を繰り返しているが、南京事件や「慰安婦」など侵略・加害の歴史的事実を否定する、無かったことにして日本人の戦争の記憶から抹殺し、それによって「我が国の歴史に愛情と誇りを持」たせる(「つくる会」のアピール)ようにする、という点では両者は共通しているのである。「教科書改善の会」をバックアップする日本会議のスローガンも「誇りある国づくり」である。彼らは同じ穴の狢《むじな》ということである。

分裂・抗争によって、日本における右派の教科書攻撃や歴史歪曲運動が弱まることは期待できない。事実、日本軍「慰安婦」や南京事件の否定、沖縄戦教科書検定問題に見られるような旧日本軍の加害・

残虐行為を否定する問題では、両派が名前を連ねて共同してうごめいていることがそれを示している。例えば、日本文化チャンネル桜が制作する映画「南京の真実」の賛同者や米下院の「慰安婦」決議への抗議などには両者の主要メンバーが共同している。後述する沖縄戦強制集団死（「集団自決」）教科書検定問題では、両者と日本会議の主要メンバーによって「教科書検定への政治介入に反対する会」が発足している（六七ページ）。

繰り返しになるが、分裂・抗争で歴史を歪曲する右派の力が弱まるとは限らず、逆に競い合って影響力が広がることもある。事実、沖縄戦教科書検定問題では両者が競い合って集会を開催している。私たちは、引き続き「つくる会」・「再生機構」・「教科書改善の会」などの運動に対抗する活動を強める必要があろう。

四　改悪教育基本法・学校教育法の下で学習指導要領と教科書はどうなる

〇六年一二月に教育基本法が改悪され、それにもとづいて〇七年五月に教育関連三法（学校教育法、教育職員免許法、地方教育行政の組織及び運営に関する法律）が改悪された。改悪教育基本法の「教育の目標」には、「国を愛する態度」など二〇もの徳目が盛り込まれた。それを受けた改悪学校教育法の「義務教育の目標」には、「伝統文化」「国を愛する態度」「公共心」「規範意識」などが盛り込まれ、さらに、「我が国の郷土と歴史について、正しい理解に導き」と明記されている。歴史について特定の見方（例えば、「日本の戦争は正しかった」など）を「正しい理解」として強制することが可能になっている。

この改悪教育基本法と改悪学校教育法にもとづいて、新学習指導要領の改訂作業がすすめられている。文部省の中央教育審議会・教育課程部会は、〇七年一一月七日、学習指導要領改訂の「審議のまとめ」を発表した。「まとめ」は、「ゆとり教育」を見直し、現行学習指導要領の「学習内容の三割削減」をあらため、授業時間数を増加し、「活用力」を重視する内容だといっている。「まとめ」は、「学力向上」の名によって子どもを「できる子」「できない子」に選別する「習熟度別授業」など、競争と格差をいっそう拡大する施策をあらためて強調している。

「まとめ」は、「文部科学省が、学習指導要領が示す内容事項のなかで……各学校において、重点的な指導やくり返し学習といった指導の工夫や充実に努めることが求められる事項の例を『重点指導事項』として整理し、提示することが考えられる」として、政府・文科省が教育内容の「重点」を決めて学校に指示することにしている。政府・文科省が決める「重点指導事項」は、〇七年四月に実施され、〇八年以降も実施が予定されている全国いっせい学力テストの出題問題と連動して、全国の学校が政府・文科省の「強制と点検」を受け、政府の意図に従順に従わされることになる。つまり、これによって、都道府県市区町村の教育委員会を飛び越えて、政府・文科省が直接に各学校を支配・統制することが可能になる。これは、明らかに教育に対する不当な支配であり、憲法・子どもの権利条約に違反するだけでなく、改悪教育基本法にも違反するものである。さらに「まとめ」は、各学校における教育の具体的な指導のあり方、授業のあり方にまで立ち入って指示することにしている。

「まとめ」では、改悪基本法の第二条「教育の目標」や改悪学校教育法の「義務教育の目標」が新学習指導要領の中心的な内容に位置づけられている。しかも、改悪基本法の第二条「教育の目標」を自分たちに都合よく解釈して導入している。「道徳教育の充実」がくり返し強調され、各教科の「道徳教育化」がめざされ、「国を愛する心」は「伝統・文化」の理解と尊重と結び付けられ、それにもとづく「日本人としての自覚」が強調されている。

この「まとめ」がそのまま新学習指導要領になれば、教育や教科書は大変な状況になることが危惧される。教科書は学習指導要領にもとづいて編集し、検定基準の中心は学習指導要領である。もし、そうなれば社会科教科書はすべて現行の「つくる会」教科書のような内容になってしまいかねない。

事実、政府と右派勢力はそれをねらっている。「教科書改善の会」は、先に紹介した設立趣意書（四一ページ）で「改正教育基本法の理念に沿った教科書の作成」を主張している。

私たちは、こうした政府・自民党・右派勢力による教科書改悪を許さない世論を広める活動をいっそう強めなければならない。そうした世論を背景に教科書会社に対して、憲法や子どもの権利条約などにもとづく教科書づくりを要請していく必要がある。そして、二〇一一年に予定される次の中学校教科書の採択において、「再々チャレンジ」をめざす「つくる会」教科書（自由社版）や「教科書改善の会」教科書（育鵬社版）の採択を許さない活動を今から準備することが求められる。そのために重要なことは次のようなことだと思われる。

(1) 〇一年と〇五年の「つくる会」教科書の採択を阻止する各地域の草の根の活動の教訓を生かす。その運動を引き継いで発展した教育基本法改悪に反対する運動の成果と教訓を生かす。地域の草の根の活動は、〇六年だけでも三〇〇〇カ所以上の地域集会や街頭宣伝活動がとりくまれ、多くの市民などが国会議員にＦＡＸ／手紙などで要請した。幅広い市民を結集して三年間で七回の全国集会が行われた。四波のヒューマンチェーンによる国会前行動やかつてない市民による国会傍聴など創意ある活動が展開された。市民と教職員（組合）の連携による組織を超えた共同の広がりもつくられた。最終盤で政府法案の採決反対七割の世論を私たちの運動がつくり、自民・公明の与党を追いつめた（『「改正」基本法で教育は「再生」できるか』子どもと教科書全国ネット21編、学習の友社、二〇〇七年）。こうした活動に確信を持ち、その教訓を生かすことが大切である。

(2)　四七年教育基本法について、あらためて学びなおし、その理念や精神、基本原則の意義を、まわりの人たちに広める。そして、この理念や精神・基本原則、憲法、国連・子どもの権利条約を生かした教育や学校、社会のあり方を追求する。

(3)　憲法と国連・子どもの権利条約などにもとづいて、改悪教育基本法の各条文の問題点、改悪性や条約違反を具体的に明らかにする。

(4)　学校教育法、教育職員免許法、地方教育行政の組織及び運営に関する法律の教育関連三法改悪につづく教育関連法規の改悪に対する取り組みを強める。それと同時に、政府の教育再生会議が打ち出す諸政策に対して、その問題点を具体的に明らかにし、「教育改革」の名による「教育破壊」を阻止する活動にとりくむ。「日の丸・君が代」の強制、全国いっせい学力テスト（自治体の独自テスト）をはじめとした具体的な表れに対する地域からの取り組みを強める。

(5)　改悪教育基本法の「教育の目標」を中心にした学習指導要領の改訂に対して、その内容を憲法や子どもの権利条約にもとづいて、具体的に違法性を追及していくとりくみをすすめる。

(6)　四七年教育基本法のもとですすめられてきた子どものためのすぐれた教育実践、差別と選別の教育に反対して取り組まれてきた創意工夫された教育実践を学び普及していく。

(7)　沖縄戦検定問題では、沖縄県民のたたかいをはじめ、本土の私たちの運動が政府・文科省を追いつめている。だからこそ右派勢力は、『産経新聞』『正論』『諸君！』『ＷｉＬＬ』『週刊新潮』『ＳＡ

ＰＩＯ』など右派メディアを総動員して「九・二九県民集会」は一一万六千人など集まっていない、せいぜい一万三千人か二万人程度だなどと、本質的でない問題でデマゴギーをふりまき、「検定意見の撤回」「記述の回復」に反対する活動に躍起になっている。沖縄戦の間違った検定意見を撤回させ、記述の回復・改善を実現すれば、歴史歪曲に歯止めをかけ、教育・教科書の改善に向けた重要な足がかりがつくられることになる。

【補】「つくる会」内紛の一〇年

「つくる会」はこれまでも内紛を繰り返してきた。そのことは、前述したように八木秀次や伊藤隆も認めている。ここでは、その主なものを紹介する。

1 草野隆光事務局長の解任（九八年二月）

九七年一月の「つくる会」結成からわずか一年後の九八年二月、初代事務局長の草野隆光が解任された。草野の解任について、当時の理事で後に事務局長になり、草野同様に「追放された」大月隆寛は『あたしの民主主義』（毎日新聞社、二〇〇〇年刊）の中で、草野を「Pさん」と仮名にして退任（追放）の経緯を書いている。大月は草野を、「左翼運動の体験もたっぷりあって、組織づくりや運動の現場についてのノウハウを十分に持っていた人でしたから、会の規約や定款づくり、運動の戦略などについての実務はほとんどこの人が中心になってくみたてていた」と紹介している。草野の解任について、大月は「追放された」と書いている。「（追放の）経緯は本当に妙なものでした。事務局員との間が少しギクシャクしていたのをことさらに理事会がとりあげて、それを理由に放り出すというおよそ考えられないような仕打ちでした」。「一部の理事が画策したもの」で「完全な欠席裁判」で「糾弾された」。草野にやめてもらいたいと考えていた事務局員はだれもいなかった、ということである。「一部の理事」とは藤岡のことだと思われる。藤岡は、教科書は自分が「専門家」と自負していたので、「運動にくわしい」草野が会の中で影響力を強めれば、相対的に自分の立場が弱まることに我慢できなかったのであろう。

2　藤岡信勝・濤川栄太両副会長の解任（九九年七月）

「つくる会」は九九年七月二九日の理事会で藤岡信勝・濤川栄太（新松下村塾塾長）両副会長を解任、高橋史朗（現埼玉県教育委員長）が副会長に就任し、藤岡は一理事として留まり、濤川は怒って理事も退任した。「つくる会」は「今回の措置は、会の運営をより健全化し、運動を一層発展させるため」と説明した。この解任劇の直接のきっかけは、雑誌『噂の真相』が濤川の女性問題を追及したことだが、原因は藤岡と濤川の指導権争いに起因する泥仕合的な喧嘩にあった。当時、「つくる会」は都道府県支部づくりに取り組んでいたが、それを濤川が主導することを快く思わない藤岡が、濤川の女性問題などを理由に攻撃し、二人は公然とお互いを誹謗・中傷しあい、会の運営が「不健全」になって支障をきたすまでになったためである。この時は、理事でもない小林よしのりが二人の解任と新副会長人事を理事に根回しし、理事会にも出席して「活躍」している。私たちが理事でもない者が根回ししたり理事会に出席して「活躍」したことを問題にしたためか、この後、小林は「理事待遇」に就任している。

3　大月隆寛事務局長の解任（九九年九月）

大月の解任も草野の時と同様だったようである。大月の『あたしの民主主義』によると、大月は自律神経失調症で九九年五月から三ヶ月間自宅療養をし、九月から活動に復帰したが、ある日「事務所にたち寄った時に、西尾さんや藤岡さんが事務所の人たちを集めて何か話し合っていて、あれ、なんだろう、と思っていたら、露骨に人払いされた」、つまり、当時まだ事務局長だった大月はその話し合いから追い出されたということである。そして、九月一五日に西尾会長（当時）から手紙で「『君は思想的にこの会にいないほうがいい人間だ』などと退任を勧告された」。その頃、臨時理事会が招集され、大月は欠席裁判のような形で解任された、ということである。大月は、「病み上がりにようやく立ち上がろうとしたところを後ろからいきなり斬りつけられた」「どうしてこのような内紛（としか言いようがありません）が絶えないのか」（『あたしの民主主義』）と書いている。

4　小林よしのり・西部邁の退会（〇二年二月）

〇二年二月に「つくる会」が開催したシンポジウムで、基調講演した小林よしのりが、アメリカのアフガン侵略について、アメリカのアフガン戦争を基本的に支持しながら、アフガンで「無辜の民が死んでいる」とアメリカを批判したことに対して、八木・田久保・西尾・藤岡などが、「思想と政治は別。思想は反米だとしても、現実の政治では反米は選択肢たりえない」（「つくる会」会報『史』〇二年三月号）などと小林を批判し、会場からも小林への野次が激しく、これをきっかけにして、小林・西部と西尾・八木・藤岡など理事が対立して、小林（当時理事待遇）・西部（当時理事）が「つくる会」を退会した。これは、反米右派対親米右派との対立で、反米右派が「つくる会」と決別したということである。小林は理事待遇を退任し、歴史教科書の執筆も降り、西部は理事を退任して公民教科書の代表執筆者を辞めている。

5　なぜ内紛が繰り返されてきたのか

このように「つくる会」は、たえず醜い内部抗争をつづけてきた政治組織である。くりかえされる内部抗争には、子どもや教育に対する視点や思いはまったくない。子どもの教科書をつくるにはふさわしくない非教育的組織である。

八木は、〇六年四月三〇日の理事会で「つくる会」を退会した直後に、前述のように「つくる会」FAX通信に退会理由などを書いている。その中で八木は次のように述べている。

「本会は発足以来定期的に内紛を繰り返して参りましたが、『相手代わって主代わらず』という諺があるように、今回は私などがたまたま『相手』とされたに過ぎません。『主』が代わらない限り、本会の正常化は無理であり、また発展も未来もないと判断し、やむなく退会を判断した次第です。」

八木は明記していないが、ここでいう「主」とは藤岡のことである。私が前述したいくつかの内紛の事例や別掲の略年表（資料3）から明らかなように、これまでの「つくる会」の内紛には藤岡がいつも中心的な役割を演じている。なお、内紛・分裂の原因については、第1章で詳しく分析しているので参照してほしい。

藤岡は歴史教科書の代表著者、八木は公民教科書の代表著者である。〇一年版歴史教科書の代表著者であり、改訂版歴史教科書の著者欄に名前がある西尾は、自分の原稿が岡崎冬彦によって勝手に書き直されたことを理由に、改訂版には責任を持たないといっている。まともな歴史研究者がほとんどいない著者陣の中で唯一名前が知られていた歴史教科書の監修者の伊藤隆も理事を辞めている。「つくる会」教科書（扶桑社版）は、著者・執筆体制が崩壊する状況であり、学校で使う場合に、内容の問い合わせなどにも応答する責任体制があるのか疑問である。これを学校で使用するのはますます問題があるということが明らかになったわけで、このような無責任な政治組織と人物たちがつくった教科書を採択した東京都杉並区、栃木県大田原市、東京都、滋賀県、愛媛県の教育委員会の責任は重大であり、今からでも採択を撤回すべきである。

資料３ 「つくる会」分裂への軌跡

1 「つくる会」発足まで

93年	自民党歴史・検討委員会、発足
93年～95年	自民党歴史・検討委、①大東亜戦争は侵略戦争ではなく自存自衛・アジア解放の正しい戦争（聖戦）、②「慰安婦」・南京大虐殺など加害はでっちあげ、③侵略戦争・加害記述を教科書から削除させる、④こうした歴史認識を国民に定着させるために学者を中心とした「国民運動」を提起。
94年 4月	藤岡信勝、雑誌『社会科教育』に「『近現代史』の授業改革」連載開始。中学校歴史教科書の南京大虐殺などの記述への攻撃をはじめる。
95年 1月	「自由主義史観」研究会発足
96年 1月	『産経新聞』に「自由主義史観」研究会メンバーによる「教科書が教えない歴史」連載開始
7月	中学校教科書から「慰安婦」、南京大虐殺などの記述削除を要求する第3次教科書攻撃はじまる。右翼団体、藤岡・西尾幹二・高橋史朗・小林よしのりなど。
12月	藤岡・西尾・高橋・小林らが、「新しい歴史教科書をつくる会」を発足させると記者会見（3日）
97年 1月	「新しい歴史教科書をつくる会」設立総会（30日）。〈会長〉西尾、〈副会長〉藤岡、〈事務局長〉草野隆光。
2月	「日本の前途と歴史教育を考える若手議員の会」発足（27日）。〈代表〉中川昭一、〈座長〉自見庄三郎、〈副代表〉谷津義男・木村義男・中山成彬・松岡利勝・八代英太・狩野安・小野清子・森田健作・保坂三蔵、〈幹事長〉衛藤晟一、〈幹事長代理〉高市早苗・小山孝雄、副幹事長・森英介・古屋圭司・小林興起・浜田精一・吉田六左ェ門・中野正志、〈事務局長〉安倍晋三、〈事務局長代理〉松下忠洋、〈事務局次長〉下村博文・渡辺博道・北岡秀二・山本一太。

2 「つくる会」発足から2007年9月まで

98年 7月	「つくる会」第1回総会
99年 9月	「つくる会」第2回総会、『国民の歴史』発刊
00年 4月	「つくる会」中学校歴史・公民教科書（扶桑社版）を検定申請
7月	「つくる会」第3回総会
01年 4月	「つくる会」中学校歴史・公民教科書（扶桑社版）が検定合格
8月	「つくる会」02年度以降用中学校教科書採択、歴史0.039％、公民0.1％
9月	「つくる会」第4回総会
02年 7月	「つくる会」第5回総会
8月	愛媛県教委、03年4月開校の中高一貫校3校に「つくる会」歴史教科書を採択
03年 7月	「つくる会」第6回総会
04年 4月	「つくる会」、中学校歴史改訂版・公民新訂版教科書（扶桑社版）を検定申請
7月	「つくる会」第7回総会
	東京都教委が都立白鴎高校附属中学校に「つくる会」歴史教科書を採択

05年 4月	中学校歴史改訂版・公民新訂版教科書（扶桑社版）が検定合格
7月	栃木県大田原市教委が「つくる会」歴史・公民教科書を採択
	東京都教委が都立白鴎高校附属中・両国高校附属中・桜修館中等教育学校・小石川中等教育学校に「つくる会」歴史教科書、都立ろう養護学校に「つくる会」歴史・公民教科書を採択
8月	東京都杉並区教委が「つくる会」歴史教科書を採択
	愛媛県教委が県立中高一貫校3校と県立ろう養護学校に「つくる会」歴史教科書を採択
	滋賀県教委が県立中高一貫校3校中の1校（河瀬中学校）に「つくる会」歴史教科書を採択
	06年度以降用中学校教科書採択、歴史0.39%、公民0.19%
9月	「つくる会」第8回総会
06年 4月	「つくる会」が事実上分裂
7月	「つくる会」第9回総会（2日）
	10月の日本教育再生機構設立に向けて、「八木秀次さんとともに日本の教育再生を考える夕べ」を開催（27日）
10月	日本教育再生機構、発足（22日）
11月	「つくる会」が扶桑社に教科書の継続発行について申し入れ（21日）
	民間教育再生会議、発足（30日）
07年 2月	扶桑社が「つくる会」に対して事実上の絶縁状（26日）
	フジテレビが3億円の資本金を出して教科書発行を業とする扶桑社の子会社（育鵬社）を設立すると発表
5月	「つくる会」が教科書発行に関する見解を発表（10日）
	「つくる会」と扶桑社の交渉、決裂（17日）
	「つくる会」、小林会長を解任、〈会長〉藤岡、〈副会長〉杉原誠四郎、「つくる会」教科書を発行する出版社を公募（30日）
6月	「つくる会」は次期教科書の代表執筆者を、歴史が藤岡信勝、公民が小山常美と発表（13日）
7月	改正教育基本法に基づく教科書改善を進める有識者の会（「教科書改善の会」）が正式に発足（24日）
8月	扶桑社は子会社・育鵬社を正式に設立（1日）
9月	「つくる会」は次期教科書を自由社から発刊すると発表（7日）
	「つくる会」第10回総会（9日）

3 「つくる会」内部抗争

98年 2月	初代事務局長の草野隆光を解任。大月隆寛が事務局長に。
99年 7月	藤岡副会長と濤川栄太副会長が指導権争いで内部抗争。これを小林よしのりや鈴木敬之（現事務局長）などが画策して藤岡・濤川副会長を解任。藤岡は理事に、濤川は理事も退任。高橋史朗が副会長に。
9月	2代目事務局長の大月隆寛を解任。高森明勅が事務局長に（01年9月で事務局長を退任して理事に）。
01年 9月	第四回総会で藤岡、副会長に復帰
10月	宮崎正治が3代目事務局長に

02年	小林よしのり・西部邁が西尾・藤岡・八木らと「反米」「親米」で対立して退会
06年 1月	西尾幹二名誉会長が辞任・退会。遠藤浩一・工藤美代子・福田逸が副会長を辞任し理事に。
2月	理事会で、八木秀次会長、藤岡信勝副会長、宮崎正治事務局長を解任。宮崎は退職（解雇）。種子島経理事が会長に（27日）。
3月	種子島会長が藤岡理事、福地惇理事を会長補佐に任命（1日） 八木理事が副会長に就任。藤岡・福地は会長補佐を解任（28日）。 「つくる会」理事らの自宅に「藤岡氏が01年まで共産党員だった」なる怪文書がFAXで流される。
4月	理事会で、種子島会長、八木副会長、内田智・勝岡寛次・新田均・松浦光修理事が辞任、退会。高池勝彦理事が会長代行、藤岡・福地理事が副会長に。石井昌浩・上杉千年・小川義男・小林正・濱野晃吉氏を新理事に選出（30日）。その後、さらに、中西輝政・田久保忠衛・工藤美代子の3人が理事を辞任、杉原誠四郎が新理事に。
5月	理事会で小林正を会長、高池を副会長に選出
6月	八木たちは、日本教育再生機構準備室を立ち上げ、事務所開きを行う。
7月	「つくる会」第9回総会で小林新会長、桜井裕子新理事ら役員体制を確認。「つくる会」総会に例年来賓として出ていた扶桑社や産経新聞社から誰も出ないで、『産経新聞』も報道せず。
12月	06年3月の怪文書の作成者は、八木の手下の産経新聞・某記者であると藤岡が自身のブログに書いたことを理由に、この記者が藤岡を名誉毀損で刑事告発
07年 4月	「改正教育基本法に基づく教科書改善を進める有識者の会」（教科書改善の会）結成のよびかけ（5日）。「教科書改善の会」は日本教育再生機構に事務局をおく。
5月	育鵬社の新教科書の編集顧問は、屋山太郎・八木秀次・小林正、編集委員会の座長は歴史教科書が伊藤隆、公民教科書が川上和久（明治学院大学教授・法学部長） 「つくる会」理事会で小林正会長を解任（30日）。藤岡信勝を新会長、杉原誠四郎を新副会長、小山常実（大月短期大学教授）を新理事に選出。石井昌浩・小川義男が理事を辞任。「つくる会」は再度の分裂。
6月	「つくる会」、西尾幹二と藤岡信勝名で扶桑社に出版契約打ち切りの「通知書」。次期教科書の代表執筆者を、歴史を藤岡、公民を小山と発表（13日）。
7月	藤岡、八木を名誉毀損で東京地裁に提訴（10日） 「教科書改善の会」が正式に発足（24日）
8月	「つくる会」、小林正前会長を除名処分（1日） 育鵬社が正式に発足（1日）
9月	藤岡、八木と産経新聞記者らを業務妨害で刑事告訴

第2章　歴史歪曲に奔走する人々

一　南京事件・「慰安婦」否定を先導してきた「つくる会」人脈

1　歴史偽造を競い合う「つくる会」と「教科書改善の会」

二〇〇七年は南京大虐殺事件七〇周年の年であった。敗戦から六二年が経ち、日本人の戦争の記憶は希薄化し、とりわけ、南京大虐殺事件（以下、南京事件）や日本軍「慰安婦」などの加害の記憶は、きちんとした戦争認識・歴史認識として定着しないままに忘れ去られようとしているかのようである。そうした日本人・日本社会の状況を背景に、政治家や知識人のなかで、日本の戦争は正しかったとし、南京事件や日本軍「慰安婦」を無かったことにしようとする動きが近年ますます強まっている。

こうした歴史の記憶の抹殺＝歴史歪曲を推し進めてきた中心勢力は、新しい歴史教科書をつくる会（「つくる会」）と日本会議、それらに関係した知識人・文化人と政治家たちである。第1章で詳しく見たように、〇六年四月に「つくる会」が分裂し、分裂した一方の旗頭の八木秀次は、新組織の「再生機構」を立ち上げて理事長に収まり、その八木らはフジサンケイグループと組んで、次回の教科書発行のために、「教科書改善の会」を〇七年七月二四日に発足させた。これまで「つくる会」教科書を発行してきたフジサンケイグループの出版社・扶桑社は、「つくる会」と絶縁し、次の教科書の改訂（二〇一〇年検定と予想される）は、教科書を専門に発行する一〇〇％子会社「育鵬社」を〇七年八月一日に設立し、「教科書改善の会」が育鵬社版中学校の歴史と公民教科書を編集する。一方、「つくる会」教科書は自由社から発行されることになった。いま、「つくる会」と「教科書改善の会」は教科書攻撃と歴史歪曲教科書発行での「主導権争い」をしているが、それは醜い泥仕合の様相を呈している。

ところが、前述のように（四五～四七ページ）、南京事件や「慰安婦」は虚構であるという点では両者は基本的に一致している。彼らは、歴史歪曲教科書発行の主導権争い、右派知識人や支持者のとりあいでは醜い対立・抗争を繰り返しているが、南京事件や「慰安婦」など侵略・加害の歴史的事実を否定する、無かったことにして日本人の戦争の記憶から抹殺し、それによって「我が国の歴史に愛情と誇りを持」たせる（「つくる会」のアピール）ようにする、という点では両者は共通しているのである。「教科書改善の会」をバックアップする日本会議のスローガンも「誇りある国づくり」である。彼らは同じ穴の狢《むじな》ということである。

これまで「つくる会」と連携し、分裂後は「再生機構」・「教科書改善の会」をバックアップしている産経新聞社の雑誌『正論』一〇月号には「〝あの戦争〟を誇りに思って何が悪いのか」と題した、上坂冬子（ノンフィクション作家）、戸高一成（呉市海事歴史科学館＝大和ミュージアム館長）、吉村泰輔（高知パレスホテル会長、元海軍兵学校四八期生）の三人の鼎談が載っている。ここでは、日本のアジア侵略戦争を「自存自衛の戦争」と肯定し、加害を否定している。『正論』には、毎号のように南京事件などを否定し、歴史を歪曲する記事が載り続けている。

2 「南京事件はなかった」

ところで、この両者の「非難合戦」のなかで、「つくる会」は「南京事件についてはこの一〇年で画期的な研究の前進があり、『実態が把握できない』どころか、虐殺はなかったという実態がほとんど余すところなく明らかになった」と主張している。これは、南京事件否定派のなかでももっとも極端な完全否定である。彼らが根拠にしている「画期的な研究の前進」というのは、東中野修道（亜細亜大学教授）や北村稔（立命館大学教授）などの「研究」を指していると思われる。

「つくる会」は、〇七年六月二三日、四〇〇人が参加した（主催者発表）シンポジウム「『南京事件』と歴史教科書」を開催した。渡部昇一（上智大学名誉教授）が『南京事件』の真実」と題する基調講演を行い、「南京事件研究の第一人者」と紹介されて東中野が特別講座「南京『虐殺』とは何だったのか」を行った。東中野は「この一八年間の研究を通じて明らかになった事実に基づいて、『南京大虐殺』説はあくまでも中華民国政府によるプロパガンダにすぎず、どの角度からみても『日本軍の南京占領としか言えない』と確信を持って述べ」たということである。パネリストは、東中野、水島総（日本文化チャンネル桜代表）、中山成彬（自民党衆議院議員、元文科相、「教科書議連」会長）、渡辺周（民主党衆議院議員、民主党慰安婦問題と南京事件の真実を検証する会会長）、藤岡信勝（「つくる会」会長）で、藤岡が司会も務めている。（「つくる会」ニュース一九七号、〇七年六月二三日）

このシンポジウムで、中山は「大虐殺はなかった。日本人は、事実と違うことには反論しないといけない。政府にも申し入れたい」と述べ、渡辺も「（南京事件等に関して）外務省は事実と違うことを、きちんと国民や海外に説明しているのか」と「政府の取り組みを厳しく批判し」た。水島は、制作中の映画「南京の真実」の取り組みを紹介し、「中国によって現在仕掛けられている情報戦への我が国の対応の必要性を強調」した（「つくる会」ニュース一九七号）。中山は、「おやじは日本最強の軍隊といわれ、南京戦参加の谷寿夫中将率いる熊本の第六師団でしたから、親父や近所の人たちから、南京攻略戦についていろいろ話しを聞いておりました。はっきり申し上げて武士道精神に則った素晴らしい戦いをしたと聞いて育ちました」（「つくる会」会報『史』〇七年九月号）、日本軍は非道なことはしていないと語っている。

東中野は二〇〇〇年一〇月二八日に南京事件を否定するために日本「南京」学会なるものを創立して会長になっている。日本「南京」学会は、東中野編著で学会年報『南京「虐殺」研究の最前線』（草思社）を発刊している。東中野はこの間、日本軍による南京での虐殺はゼロ、なかったと主張する図書を何冊も刊行し、南京事件否定派の中心的な論客になっている。東中野の主張は、笠原十九司（都留文科大学教授）や井上久士（駿河台大学教授）らによって完全に論破されている。例えば、笠原十九司他著の『南京大虐殺否定論一三のウソ』（南京事件調査研究会編、柏書房、九九年）や笠原著『南京事件論争史』（平凡社新書、〇七年）などを読めば明白である。しかし、東中野はそれらの批判を無視して、すでに論破された論拠を使って南京事件否定を繰り返している。東中野は性懲りもなく、最近、『再現　南京戦』（草思社）を発刊している。

東中野は自著『「南京虐殺」の徹底検証』（展転社、九八年）の中で南京事件の生存者・証言者の李秀英（故人）や夏淑琴を「ニセ者」と書き、これに対して夏淑琴は南京の法廷に名誉毀損で提訴した（すでに夏の勝訴判決が出ている）。東中野は、東京地裁に債務不存在確認訴訟を提訴し、これに対して、夏淑琴は反訴した。この裁判の判決は〇七年一一月二日に言い渡された。東京地裁民事第一〇部（三代川三千代裁判長）の判決は、被告東中野らが「原告の名誉を毀損するものであり、また原告の名誉感情を著しく侵害するもの」と認め、東中野と展転社に三五〇万円の損害賠償を命じた。

名誉毀損とは、社会が与える評価を毀損することで、名誉感情の侵害とは、本人が自分自身に対してもつ主観的な価値意識の侵害ということである。「名誉感情の侵害」まで認めることは異例のことだといわれている。さらに、同書の英語版と台湾版（中国語）についても名誉毀損を認めて東中野に五〇万円の損害賠償を命じている。合計四〇〇万円は一般の名誉毀損に比べても高額であり、後述する李秀英の名誉毀損の損害賠償の一五〇万円を大きく上回っている。

判決では、東中野が書いた結論について、「通常の研究者であれば上記の不合理性や矛盾（『bayonetted』の解釈や、『シア夫婦の子でもマア夫婦の子でもない』と結論づけた推論）を認識し、再検討して他の解釈の可能性に思い至るはずであるが、被告東中野はこれらには一切言及しておらず、被告東中野の原資料の解釈はおよそ妥当なものとはいえない」と指摘し、『「南京虐殺」の徹底検証』を「学問研究の成果というに値しない」とまで明言している。つまり、南京事件の否定派の中心的論客である東中野は「通常の研究者」が行うような当たり前の検証をおこたっており、通常の研究者のレベルに達していない、彼の著作は「学問研究の成果」とはいえないと断罪されたわけである。

問題なのは、これまでもそうであったが、この『再現　南京戦』が、あまり大きくない書店にも平積みされて売られていることである。この本に限らず、南京事件や日本軍「慰安婦」問題など歴史を歪曲する図書は書店の店頭に沢山ならんでいるのが実状である。ただし、これらの本がどのくらい売れているかは不明である。同じく、南京事件の犠牲者・証言者の李秀英らを「ニセ者」と書き、李秀英が名誉毀損で提訴し、東京地裁、東京高裁、最高裁ですべて勝訴した、松村俊夫著『「南京虐殺」への大疑問』（展転社、九八年）の場合、東京高裁に出された証拠によれば、実売部数は一八〇〇冊であった。ところが、当時、この本は多くの書店で平積み販売されていた。それだけ平積みするためには、最低でも一万部以上は発行していると思われる。

さらに問題なのは、今日の日本においては、南京事件について否定派を批判する研究者が少なく、また、否定派を批判する図書を出版する出版社が少ないことである。

歴史を歪曲し、南京事件や「慰安婦」など日本の侵略・加害を否定し、侵略戦争の記憶を抹殺する右翼勢力の中心は、民間では日本会議、「つくる会」、「教科書改善の会」などである。日本会議と「つくる会」の関係者は、南京事件の真実を検証する会（会長・加瀬英明日本会議東京本部会長、事務局長・藤岡信勝「つくる会」会長）なる組織をつくっているが、同会は〇七年四月に中国の温家宝首相が来日した際に、「公開質問状」なるものを提出している。その骨子は次のようなものである。

「(1) 故毛沢東主席が、生涯に一度も『南京虐殺』ということに言及しなかったのはなぜか。

(2) 中華民国政府国際宣伝処が、当時開催した三〇〇回の記者会見で一度も「南京大虐殺」があったと述べていないのはなぜか。

(3) 南京国際委員会の活動記録には、南京の人口は、日本軍占領直前二〇万人、その後ずっと二〇万人、占領一カ月後二五万人と記録されているが、この記録からすると三〇万虐殺等あり得ないと考えるがどうか。

(4) 同活動記録には、日本軍の非行として訴えられたものが列記されているが、殺人は二六件、うち目撃されたもの一件、しかもその一件は合法と注記されている。この記録と三〇万人虐殺という貴国の主張は両立し得ないと考えるがどうか。

(5) 南京虐殺の『証拠』であるとする写真が南京虐殺記念館や書籍等に掲載されているが、その後の科学的研究によって、虐殺を証明する写真は只の一点も存在しないことが明らかとなっている。もし、虐殺を証明する写真が存在しているのであれば提示していただきたい。

(6)『南京大虐殺』は、常識ではどうしても考えられない。ところが、貴国は、南京に大虐殺記念館を建て、大々的に三〇万虐殺を宣伝している。これは、史実をないがしろにするばかりか、貴国の日中友好の方針とも真っ向から対立すると考えるがどうか。」（「つくる会」ニュース一九七号）

南京事件の真実を検証する会は、〇七年一二月六日に九段会館で「〈南京陥落七〇年国民の集い〉参戦勇士が語る『南京事件』の真実」を開催し、一〇〇〇人以上が参加した（主催者発表）。集会では南京戦に参加した五人の元日本軍兵士が『南京虐殺』を完全に否定する多くの貴重な証言」を行った（「つくる会」ニュース二二六号、〇七年一二月七日）。

前述したように、「つくる会」と「教科書改善の会」は教科書発行問題では対立して泥仕合を演じているが、歴史歪曲という点では共同戦線をはっている。いま、重大な問題になっている、沖縄戦における住民強制集団死（「集団自決」）の教科書記述について、文科省が検定で日本軍の強制を削除させた問題についても彼らは共同している。一一万六千人が結集した沖縄の「教科書検定意見撤回を求める九・二九県民集会」に示された県民の「検定意見撤回、記述回復」という要求と運動はますます高まっている。これに連帯・呼応した本土の運動も広がりはじめ、政府・文科省を追いつめていた。

これに対抗し、政府・文科省を応援するために、〇七年一〇月一五日に「教科書検定への政治介入に反対する会」（代表・小田村四郎）なる組織が発足し、参議院議員会館で「沖縄戦『集団自決』――教科書検定への不当な政治介入に断乎反対する緊急集会」を開催した。「つくる会」は一五〇人が参加したと発表しているが、見にいった国会議員は、参加者はパラパラで報道陣のほうが多いくらいだった、といっている。彼らは集会決議で「軍の『命令』や『強制』が無かったことは実証され尽した史実である。検定意見は、そうした流れを反映した公正かつ妥当な内容である」と主張している。これは、明白な歴史歪曲・偽造である。この集会で藤岡は「一一万人と報道されている九月二九日の沖縄集会の参加者数について、実数は一万三〇〇〇余名であることを明らかにした」ということであるが、その根拠は「沖縄集会の一万三〇三七名という実数は、『琉球新報』に掲載された会場全景の写真に写った人々の数を一人ひとり数えた数の総計」と説明している(「つくる会」ニュース二〇七号)。同会はさらに、一一月一三日には「虚構の『軍命令・強制』説の復活を許さない——国民決起集会」なるものを開催した。

この会の発起人は、大原康男、小田村四郎、高池勝彦、田久保忠衛、中西輝政、中村粲、福地惇、藤岡信勝、宮城賢秀、屋山太郎、渡部昇一である。この顔ぶれは、「つくる会」(高池・田久保・福地・藤岡)と「教科書改善の会」(小田村・中西・屋山・渡部)、日本会議(大原・小田村・田久保・中西)であり、この会は沖縄戦の歴史事実を歪曲するための三者の共闘組織である。

二　日本会議——右派組織の中心

日本の今日の右派組織の中心は改憲・翼賛の日本会議(会長・三好達元最高裁長官)である。九七年五月に日本を守る国民会議と宗教組織の日本を守る会が組織統一して発足した日本会議は、二〇〇七年に一〇周年を迎え、〇七年一〇月六日に日本会議国会議員懇談会(会長・平沼赳夫衆議院議員、事務局長・萩生田光一衆議院議員、「日本会議議連」）と共催で設立一〇周年記念大会を開催した。日本会議は機関誌『日本の息吹』誌上で、この一〇年間の運動と「成果」を連載していたが、その主なものは、「偏向教科書改善運動」「外国人参政権付与反対運動」「夫婦別姓法案反対運動」「国旗国歌法成立」「天皇陛下御即位一〇年奉祝運動」「再審『南京大虐殺』の発刊、英語版の米国識者への配布」「新憲法の大綱を発表」「愛子内親王御誕生奉祝運動」「男女共同参画条例是正運動」「国立追悼施設建設反対運動」「教育基本法改正運動」「イラク派遣自衛隊激励活動」「人権擁護法案反対運動」「靖国神社二〇万人参拝運動」「皇室典範改悪反対運動」「皇室の伝統を守る一万人大会」「悠仁親王殿下御誕生奉祝運動」「新教育基本法成立」「新教育基本法に基づく教育改革運動」などである。「日本会議議連」メンバーだった村上正邦元参院議員は「この（国旗・国歌）法制化実現の原動力になったのは『日本会議』です」と語っている（魚住昭『証言　村上正邦　我、国に裏切られようとも』講談社、二〇〇七年）。

日本会議は、全都道府県に本部を設け、現在地域の支部づくりに力を入れ、日本最大の右翼組織になっている。〇七年七月の参議院選挙で、日本会議は比例区で自民党公認の衛藤晟一と有村治子を推薦候補として選挙戦をたたかい当選させたが、両候補はそれぞれ二三万票を獲得している。もちろんこの票は日本会議だけの力ではないが、日本会議の組織力を示す例である。「日本会議議連」は自民党議員の五〇％以上にのぼり、安倍政権誕生の原動力になった（俵義文ほか著『安倍晋三の本性』金曜日、二〇〇六年一〇月、参照）。日本会議内の組織や、関連組織として、日本青年協議会、日本協議会、日本女性の会、民間憲法臨調、民間教育臨調などがつくられている。日本会議は「日本会議議連」と密接に連携し、日本会議の要求を「日本会議議連」の国会議員が国政に持ち込んで実現させたのは、国旗国歌法や『心のノート』だけではないだろう。右翼団体の要求がストレートに国会に持ち込まれる恐ろしい構図ができあがっているのである。

〇六年一一月には日本会議地方議員連盟が結成され、地方議会においても同様の動きをつくりだそうとしている。安倍晋三前首相がめざしていた「草の根保守運動（グラス・コンサバティブ運動）」の一つの担い手となるものである。二〇一一年に予定される次回の教科書採択では、この日本会議地方議員連盟が危険な役割を果たすことが危惧され、十分に警戒する必要があろう。

今日の日本における右派知識人といわれる人々は、米下院の「慰安婦」問題決議に反対する『ワシントンポスト』の意見広告の賛同者、米下院決議への抗議書の連名者、「教科書改善の会」の賛同者、映画「南京の真実」の賛同者、パリでの「日本の文化人宣言」の連名者（以上には、かなりダブって名前が出てくる）でほぼ網羅されていると思われる。

三　メディアは南京事件など日本の侵略・加害をどう扱っているか

渡部昇一（上智大学名誉教授）は、「『南京大虐殺』問題も『なかった』ということは日本では大体において ケリがついた状態で、朝日新聞ですら取り上げないようになりました」（『ＷｉＬＬ』〇七年八月号）と言っている。前述のように、「つくる会」や「再生機構」・「教科書改善の会」、日本会議など右派組織やそれに連なる知識人たちも南京事件は「なかった」と全否定している。

しかし、「なかった」ということで「ケリ」がついていないからこそ、右派組織や右派陣営は、あの手この手を使って、繰り返し否定論を右派雑誌や『産経新聞』などに書き、否定論の図書を出版し続けているのである。ケリがついているという点では、学問的には歴史的事実としてケリがついている。笠原十九司が指摘するように、日本で出版されている日本史辞典・事典のほとんどや『広辞苑』『ブリタニカ国際大百科辞典』などにも南京事件は事実として掲載されている。最近は、右派の攻撃などによる教科書会社の自主規制によって、記述が後退しているが、小学校、中学校、高等学校の歴史教科書のほとんどに南京事件が記述されている。また、家永教科書裁判や戦後補償裁判など八〇年代半ば以降に争われた裁判においても、南京事件は歴史的事実として認定されている。「南京事件論争」でも、九〇年代はじめまでに、「南京事件は歴史的事実」ということでケリがついている（笠原十九司著『南京事件論争史』平凡社新書、二〇〇七年一二月）。

ところが、メディアの状況は、渡部が言うように南京事件を正面からきちんと取り上げようとしない状況が続いている。南京事件だけでなく、日本軍「慰安婦」、七三一部隊、東南アジアにおける住民虐殺など日本の侵略戦争における加害を取り上げることはほとんどない。二〇〇七年は南京事件七〇周年であったが、今日までのところ、私が知るところでは、七〇周年を意識した記事は『朝日新聞』の八月二三日、一一月二四日の記事、テレビは、ＮＨＫの放送（「クローズアップ現代」）やＴＢＳの「ニュース23」（〇七年一二月一七日）など極めて少ない。しかも、『朝日新聞』の八月二三日付の記事は否定派の言説を多く取り上げている。米下院の「慰安婦」決議についての日本のメディアの報道も「腰が引けた」ものが多かった。そのことが右派を勢いづけている面も否定できない。

他方、書店に平積みされて売られているのは、ほとんどが南京事件は「嘘」「虚構」「まぼろし」とする本であり、笠原や藤原彰（一橋大学名誉教授、故人）、吉田裕（一橋大学）などの南京事件を史実とする本は探すのに苦労するだけでなく、ほとんどの書店の店頭にないのが実態である。さらに、テレビにおいても特に民間放送局の時事放談のような番組には、〇七年までに南京事件否定派の「論客」が登場し、論証抜きの否定説を繰り返している。活字メディアでは、『諸君！』『正論』『WiLL』『SAPIO』『週刊新潮』『産経新聞』などが繰り返し「否定説」を流しつづけ、「否定説」を発刊する出版社もあとを絶たない。笠原の調査によれば、七〇年代以降二〇〇七年までに、南京事件を史実とする図書は八七冊、否定する図書は四一冊発刊されている。ところが、九五年以降にかぎれば、これが三二冊対三一冊になり、二〇〇〇年以降では、一二冊対二一冊に逆転している（笠原、前掲書）。九〇年代後半以降に南京事件を否定する本が異常なほど多数出版されてきたことがわかる。これは日本の右傾化が進行した時期とぴったり重なっている。

南京事件七〇周年を間近にひかえ、『WiLL』は〇七年一一月一二日に一二月号増刊「南京大虐殺嘘」を発行し、『正論』も一一月一三日に別冊「日中歴史の真実」を発刊した。両誌ともいつもの歴史歪曲の「論客」や政治家を総動員して南京事件や日本の侵略加害を否定している。『WiLL』増刊には、「編集部の『南京大虐殺』問題この一冊」として「『大虐殺』はなかった！全一二冊」と「『大虐殺』はあった！全一二冊」というコーナーがある。両誌に登場する主な人物は、渡部昇一・東中野修道・冨澤繁信・茂木弘道・水島総・宮崎正弘・阿羅健一・稲田朋美など（『WiLL』）、平沼赳夫・稲田朋美・渡辺周・宮崎正弘・潮匡人・阿羅健一・櫻井よしこ・兵頭二十八・西川京子・東中野修道・佐藤和男・中村粲・小林よしのり・小堀桂一郎など（『正論』）である。

この歴史修正主義者たちで、ここにはじめて名前が出てきた人たちの幾人かを簡単に紹介しておこう。

冨澤繁信は、元住友信託銀行常務取締役、元住商リース副社長で、「つくる会」結成に参加し組織委員長を務めた。現在は東中野が会長の日本「南京」学会の理事、『ワシントンポスト』の「慰安婦」意見広告にも名を連ねた加瀬英明（日本会議代表世話人）が会長、藤岡信勝が事務局長の南京事件の真実を検証する会（「検証する会」）監事を務め、南京事件を否定する数冊の図書を出している。米下院の「慰安婦」決議への右派による抗議書（「抗議書」）や映画「南京の真実」の賛同者などにも名前を連ねている。茂木弘道は、世界出版社社長で、加瀬が会長の史実を世界に発信する会（「発信する会」）の事務局長、「検証する会」監事で、「抗議書」、映画「南京の真実」の賛同者などに名前を連ねている。宮崎正弘は一九八二年に論壇デビューした評論家で、『ワシントンポスト』の意見広告、「抗議書」や「南京の真実」の賛同者などに名前を連ねている。後述（本書七八ページ）の「本多勝一名誉毀損裁判」のところでも名前を出した南京事件研究家を名乗る阿羅健一は、南京事件を否定する図書（『「再検証」南京で本当は何が起こったか』徳間書店、二〇〇七年一〇月）を最近も出版し、「検証する会」委員で、「抗議書」や「南京の真実」の賛同者などに名前を連ねている。軍学者を名乗る兵頭二十八は「発信する会」の委員で、後述の『別冊宝島』で中心になって執筆している。

また、「『南京大虐殺』という陰謀」と題した『別冊宝島』が〇七年一一月に発行されている。これら三つの雑誌は、共通して南京事件は「中国のプロパガンダ」であると表紙に謳っている。

ところで、右派雑誌に最近変化が出ていることを『朝日新聞』（〇七年八月二二日付）が「曲がり角の保守論壇誌」と題して紹介している。それによれば、『諸君！』『正論』の発行部数のピーク（一〇万部以上）は、「つくる会」教科書採択や小泉訪朝のあった〇一年〜〇二年で、その後は減りつづけ、現在は、『諸君！』は「〇五年九月〜〇六年八月の発行部数は平均約八万二千部（日本雑誌協会の印刷証明付き）で、三年間ほぼ同じ」。『正論』は、「発行部数八万七千部（同）は、前年から六千部減。

同編集部によるとピークは〇二年で、約二万部落ちたという」。『朝日新聞』によれば、『諸君！』『正論』は「勢いが落ち、新路線を探り始めた」ということである。つまり、これまでの極端で過激な右翼的記事を減らす傾向にあるということである。この背景には「つくる会」の分裂にみられるような右派陣営の混乱があるものと推測される。それに対して、両誌よりもさらに過激にナショナリズムや愛国心を煽り、反中国・反韓国・反北朝鮮キャンペーンを執拗に流し続けているのが、ナチスのユダヤ人虐殺＝ホロコーストを「なかった」と主張する花田紀凱が編集長になって〇五年一月に創刊した『ＷｉＬＬ』である。同誌は、「創刊当初より二万部多い六万～七万を実売する」（前掲『朝日新聞』）ということである。この雑誌では、西野瑠美子（「戦争と女性への暴力」日本ネットワーク共同代表）や筆者も名指しで、事実に反する内容で誹謗中傷されている。筆者は内容証明で記事の訂正を要求したが、訂正はおろか返事もよこさない。

民間の否定派と自民党・民主党の一部議員が賛同者になって日本文化チャンネル桜の水島総が制作しているのが南京事件を否定する映画「南京事件の真実」である。この映画は、「南京攻略戦の真実を伝え、中国と米国の政治謀略『南京大虐殺』の嘘を暴くドキュメンタアリー映画」というふれこみである。水島らは〇七年一月二三日、記者会見でこの映画の制作を発表し、制作費四億円以上の賛同カンパを呼びかけた。この会見に出席した西村眞悟衆議院議員（無所属、元民主党）は、「いよいよ日本側の反撃が開始される。これまで日本の議会は中国の工作に屈服してきた。虐殺は一九二七年の国民党の南京入城のさいに起きた。あれこそが南京の真実である」といい、鷲尾英一朗衆議院議員（民主党）は、「若いひとに歴史の真実を残しておかなければならない。全世界を相手に、この情報戦を闘わなければならない。大変な作業となるが、ともに闘いましょう」と語り、松本洋平衆議院議員

（自民党）は、「歴史の真実を明らかにすることは、国の名誉と誇りの回復であり、これからの日本人が世界に胸をはっていくためにも是非とも必要である」と主張した（ブログ「宮崎正弘の国際ニュース・早読み」)。

〇七年一二月二八日現在、この映画「南京の真実」への賛同者は五四二〇人(うち国会議員は自民党七人、民主党七人、無所属二人、計一六人。石原慎太郎東京都知事、山田宏杉並区長も賛同者)になり、賛同金は約二億三二〇〇万円になっている。賛同者には「つくる会」と「教科書改善の会」、日本会議のメンバーが名を連ねて、右派連合の様相を呈している。この映画は第一部「七人の死刑囚」が完成し、〇七年一二月一四日に九段会館で撮影完了報告会(予告編上映とシンポジウム)が行われ、昼の部に四〇〇人、夜の部に七〇〇人(主催者発表)が参加した。「南京問題と国際情報戦争」と題したシンポジウムのパネリストは、次のメンバーである(司会は両方とも水島総)。なお、同映画の試写会は、〇八年一月二五日によみうりホールで行われる。

昼の部――佐藤守(軍事評論家、元航空自衛隊南西航空混成団司令・空将)、高森明勅(日本文化総合研究所代表、「つくる会」理事)、冨澤繁信(日本「南京」学会理事)、東中野修道(亜細亜大学教授、日本「南京」学会会長)、宮崎正弘(評論家)、渡部昇一(上智大学名誉教授、「教科書改善の会」世話人)

夜の部――田久保忠衛(杏林大学客員教授、「つくる会」顧問)、西部邁(評論家、秀明大学学頭、元「つくる会」理事)、西村幸祐(戦略情報研究所客員研究員、ジャーナリスト)、藤岡信勝(拓殖大学教授、「つくる会」会長)、水間政憲(ジャーナリスト)

南京事件七〇周年の〇七年、世界各地で多くの映画(一〇本)やテレビのドキュメンタリーがつくられている。すでに完成してアメリカやヨーロッパ、中国などで上映されている映画もあるが、日本では配給会社が名乗りを上げないために上映の見込みは立っていない。こうしたこともいまの日本社会の重大な問題点である。

四　侵略・加害を否定する政治家たち

1　超党派の「日本会議議連」を軸に

これらの民間組織と連携する国会議員が自民党・民主党のなかに存在する。日本会議と連携しているのは超党派の日本会議国会議員懇談会（「日本会議議連」）で、自民党議員の五一％がこれに所属し、民主党にも二六名がいる（〇五年七月現在の名簿による）。「日本会議議連」は〇七年一一月二八日に国会内で総会を開催した。ここで決まった役員の一部は次のメンバーである。

会長・平沼赳夫元経産相、会長代行・中川昭一自民党前政調会長、中曽根弘文元文相、副会長・渡辺周衆院議員（民主）他、幹事長・下村博文元官房副長官、副幹事長・松野頼久衆院議員（民主）他、事務局長・萩生田光一衆院議員（自民）、事務局長代行・笠浩史（民主）、事務局次長・稲田朋美衆院議員・鷲尾英一郎衆院議員（民主）、政策審議室長・衛藤晟一参院議員などである。

参議院での与野党逆転を意識してか、民主党議員を従来よりも多く役員にしているのが目立つ。この総会時点での議連参加議員は、衆議院一七二人、参議院四九人の合計二二一人（全国会議員の三一％）である。

この議連と密接な関係にあるのが自民党の「日本の前途と歴史教育を考える議員の会」（会長・中

山成彬元文科相、幹事長・小島敏男、事務局長・西川京子、「教科書議連」）である。「教科書議連」は、〇七年二月九日に「南京問題小委員会」（委員長・戸井田とおる（徹）衆院議員）と「慰安婦問題小委員会」（委員長・中山泰秀衆院議員）を立ち上げ、〇七年三月八日、「慰安婦」問題で政府に再調査を求める提言をまとめて記者会見で発表した。さらに、〇七年六月一九日、南京事件についてのＡ４判三〇ページの調査報告（「南京問題小委員会の調査検証の総括」）をまとめて記者会見で発表した。

調査報告書では、南京に多数の特派員を送っていた内外の報道機関の記事に虐殺の記述がないことを指摘し、「①日本軍による南京陥落直後の三八年、当時の国際連盟で中国政府代表が『二万人の虐殺と数千の暴行があった』と報告し、国際連盟に『行動を要求』したが、『日本非難決議』として採択されなかった。／②南京戦の総司令官、松井石根大将は、残虐行為を阻止しようとする義務を怠ったとして東京裁判で死刑判決を受けたが、『平和に対する罪』『人道に対する罪』の訴因は無罪だった。／この二点を挙げ、『南京大虐殺は国際連盟、東京裁判でも否定された』と主張した。」（『朝日新聞』〇七年八月二三日付）

また、南京大虐殺での死者数について中国が主張する三〇万人は誤りである、三八年に中国代表は国際連盟で犠牲者二万人と演説したが、四八年の東京裁判の判決で唐突に一ケタ増えたと指摘し、同議連小委員会が集めた資料によれば南京での戦闘は「通常の戦場以上でも以下でもない」と断定している。この報告の誤りは、前掲の笠原著『南京事件論争史』を見れば明らかである。

自民党の「教科書議連」と同様の活動をしているのが、〇七年三月九日に発足した民主党の有志議員三〇人が参加する「慰安婦問題と南京事件の真実を検証する会」（会長・渡辺周衆院議員、事務局長・鷲尾英一郎衆院議員）である。米下院の「慰安婦」決議に反対して〇七年六月一三日の『ワシントンポスト』に出した意見広告に賛同した国会議員四四人は、自民党二九人、民主党一三人、無所属二人であるが、民主党の一三人の内一〇人は同議連のメンバーである。この意見広告を出した議員の平均年齢は四七歳、三〇代一二人、四〇代一六人、五〇代一一人、六〇代以上五人で、最年少は自民の鈴木馨祐議員と民主の鷲尾英一郎議員の三〇歳、最高齢は島村宜伸議員の七三歳である（年齢は意見広告当時）。当選回数を見ると自民は二三人が一回の小泉チルドレンで、二回四人、九回二人である。一方、民主は一回四人、二回六人、三回二人、五回一人である。『ＷｉＬＬ』（〇七年八月増刊）誌上で、小泉チルドレンの赤池誠章・薗浦健太郎・西本勝子・松本洋平は稲田朋美の司会で「自民党新人議員『捏造決議案』に大反論」と題して放談している。

年齢・当選回数からわかることは、「慰安婦」を否定し歴史を歪曲するこれらの国会議員がとても若いということである。歴史歪曲議員の低年齢化である。一部にはきわめて意識的・意図的な議員もいるが、多くは無知や願望によると思われる、歪んだ歴史認識をもった議員が拡大再生産されているのである。日本の歴史教科書の改善は八〇年代半ばから進んできた。少なくとも三〇代の議員はこの改善され、日本の侵略・加害を記述した教科書で学んだ世代である。これまでの日本の歴史教育、平和教育のあり方が問われる問題でもあろう。

反中国の議連としては、〇七年六月一三日に発足した「中国の抗日記念館から不当な写真の撤去を求める会」（会長・平沼赳夫、事務局長・稲田朋美）というのがある。この議連には自民党、国民新党、無所属議員四二人が所属している。本多勝一・朝日新聞・毎日新聞・柏書房を被告にして訴えた、いわゆる「百人斬り訴訟」（私たちは「本多勝一名誉毀損裁判」と呼んでいた）の原告を支援していた「百人斬り訴訟を支援する会」（会長・阿羅健一）は全国各地で「中国南京大虐殺記念館の向井・野田両少尉の写真撤去に関する請願」署名活動を展開してきた。署名は「中国南京大虐殺記念館に展示されている向井・野田両少尉の写真を速やかに撤去させること」「中国各地にある抗日記念館の展示内容を精査し、事実誤認を速やかに訂正させること」を主旨とした請願で七万筆を集めたと称している。この民間の「草の根運動」に連携するために、「百人斬り訴訟」の弁護団だった稲田朋美と現在右翼議員の中心になっている平沼赳夫が中心になって発足させた議連である。

同じく平沼・稲田コンビを中心に〇六年四月に発足した超党派の右派議連に「正しい日本を創る会」というのがある。設立趣旨に「我が国日本を愛し、将来の日本に責任を持ち、国家としての尊厳を守り、真の保守政治を確立するために行動する国会議員有志らによる政策集団である。戦後六〇年を経て歴史的転換点に直面した今こそ、国民の漠とした不安を払拭するためには、まちがった東京裁判史観に象徴されるように、我が国及び世界の正しい歴史認識と事実を共有し、もって我が国の将来像を明確に提示することが求められている」などと主張している。「政策集団」を掲げるだけに頻繁（〇六年四月から〇七年七月までに二〇回）に「勉強会」を開催している。招かれた講師は櫻井よしこ、大原康夫（國學院大學名誉教授）、中西輝政、西部邁、田久保忠衛、西岡力（東京基督教大学教授）などの右派知識人やチェイニー米副大統領前補佐官のステファン・イェーツなどである。（これら右派議連の説明は、『安倍晋三の本性』および俵著『あぶない教科書ＮＯ！』花伝社参照）

2　福田康夫内閣はやはりタカ派政権

参議院選挙で自民党が大敗したが、辞めないといって内閣改造を行った安倍晋三首相は、臨時国会での施政方針演説の後、「小沢一郎民主党党首が会ってくれない」など、小さな子どもが駄々をこね

	氏名	歴史	日本	教科書	神道	教基法	改憲	靖国	拉致	中国	正しい	W・P	
大臣政務官													
内閣府	加藤 勝信		○		○			○					
内閣府	戸井田 徹			○ *1				○		○ *2	○	○	*1「南京問題小委」委員長 *2 会計監査
内閣府	西村 明宏		○		○		○	○					
総 務	秋葉 賢也							○					
総 務	岡本 芳郎		○				○	○					
総 務	二之湯 智							○			○		
法 務	古川 禎久		○		○						○	○	
外 務	宇野 治		○		○		○	○					
外 務	中山 泰秀		○	○ *1	○			○					*1「慰安婦問題小委」委員長
外 務	小池 正勝		○					○					
財 務	小泉 昭男				○								
財 務	宮下 一郎							○					
文部科学	原田 令嗣		○				○	○					
文部科学	保坂 武		○		○		○	○					
農林水産	谷川 弥一				○		○	○					
経済産業	荻原 健司							○					
国土交通	金子善次郎							○	○				
国土交通	山本 順三		○					○					
防 衛	寺田 稔							○					
防 衛	秋元 司		○					○					
自民党役員													
幹事長	伊吹 文明		○		○ *1		○	○					*1 幹事長
幹事長代理	細田 博之	○			○			○					
政調会長	谷垣 禎一	○	○		○			○					
総務会長	二階 俊博						○	○					
選対委員長	古賀 誠	○	○ *1					○					*1 相談役
国対委員長	大島 理森		○		○			○					
参・議員会長	尾辻 秀久	○	○ *1		○ *2		○ *3	○					*1 代表委員 *2 副幹事長 *3 役員
参・幹事長	山崎 正昭	○	○ *1	○	○			○					*1 副幹事長

歴史＝自民党歴史・検討委員会
日本＝日本会議国会議員懇談会（「日本会議議連」）
教科書＝日本の前途と歴史教科書を考える議員の会（「教科書議連」）
神道＝神道政治連盟国会議員懇談会
教基法＝教育基本法改正促進委員会（自民・民主による超党派議連）
改憲＝憲法調査推進議員連盟（超党派の「改憲議連」）
靖国＝みんなで靖国神社に参拝する国会議員の会
拉致＝北朝鮮に拉致された日本人を早期に救出するために行動する議員連盟（「拉致議連」）
中国＝中国の抗日記念館から不当な写真の撤去を求める国会議員の会
正しい＝正しい日本を創る会
W・P＝『ワシントンポスト』紙に出した米下院の「慰安婦」決議に反対する全面広告に賛同した議員

資料4　福田康夫内閣の超タカ派の大臣たち

	氏名	歴史	日本	教科書	神道	教基法	改憲	靖国	拉致	中国	正しい	W・P	
大　臣													
総理	福田 康夫		○				○	○					
総務・格差是正	増田 寛也												民間・元岩手県知事
法務	鳩山 邦夫					○*1	○*2	○					*1 顧問 *2 副会長
外務	高村 正彦				○			○	○				
財務	額賀福志郎	○	○*1		○		○	○					*1 副会長
文部科学	渡海紀三朗							○					
厚生労働	舛添 要一						○						
農林水産	若林 正俊	○	○		○		○	○					
経済産業	甘利 明		○		○		○	○					
国土交通	冬柴 鐵三												公明党
環境	鴨下 一郎		○										
防衛	石破 茂		○*1		○		○	○	○				*1 副幹事長
国家公安・防災	泉 信也		○*1			○*2	○*3	○	○	○*4			*1 幹事 *2 副会長 *3 事務局次長 *4 顧問
沖縄北方・科技	岸田 文雄	○	○	○	○								
金融・行革	渡辺 喜美		○	○*1	○		○	○					*1 事務局次長
経済財政	大田 弘子												民間
少子化・男女共同参画	上川 陽子						○						
官房長官・拉致	町村 信孝				○*1	○*2	○*3	○		○*4			*1 副会長 *2 顧問 *3 幹事長代理 *4 顧問
首相補佐官													
教育再生担当	山谷えり子		○*1		○*2			○	○				*1 幹事 *2 副幹事長
拉致担当	中山 恭子												元拉致担当内閣官房参与、07年参院選で初当選
官房													
官房副長官	大野 松茂		○	○	○		○	○					
官房副長官	岩城 光英				○			○					
副大臣													
内閣府	木村 勉						○						
内閣府	山本 明彦		○		○		○	○					
内閣府	中川 義雄		○*1		○	○*2	○	○	○	○	○	○	*1 副幹事長 *2 理事
総務	佐藤 勉			○	○		○	○					
法務	河井 克行				○			○					
外務	木村 仁		○		○			○					
財務	森山 裕				○						○		
厚生労働	西川 京子		○*1	○		○*2		○		○*3			*1 幹事 *2 理事 *3 会計監査
厚生労働	岸 宏一				○			○					
農林水産	今村 雅弘		○	○	○		○	○			○		
農林水産	岩永 浩美		○		○		○	○					
経済産業	新藤 義孝			○				○					
経済産業	中野 正志		○		○	○*1	○	○					*1 理事
国土交通	平井 卓也				○			○					
国土交通	松島みどり				○		○						
環境	桜井 郁三		○	○	○		○	○					
防衛	江渡 聡徳		○	○	○			○					

るような理由を持ち出して、突然、政権を投げ出してしまった。国会を長く空白にして税金を無駄遣いした自民党総裁選挙で福田康夫元官房長官が麻生太郎自民党幹事長を破って総裁に選ばれ、衆議院だけの首班指名（参議院は小沢一郎）をうけて総理大臣に就任した。

福田康夫内閣は「お下がり内閣」といわれるように、大臣は安倍改造内閣とほとんど同じ顔ぶれで、副大臣は公明党の一人が代わっただけで、大臣政務官はまったく同じである。内閣の全体的な特徴は安倍改造内閣と変わるところがない。

福田首相は、「日本会議議連」、憲法調査推進議員連盟（「改憲議連」）、みんなで靖国神社に参拝する国会議員の会（「靖国議連」）に所属している。中国などに気を使って「靖国参拝はしない」といっているようであるが、〇二年までは参拝していた。二〇〇一年八月一五日に小泉純一郎首相（当時）が靖国神社を参拝した時、官房長官として随行し、小泉首相（当時）の靖国参拝批判に対して、「小泉首相の信教の自由だ」と擁護していた。安倍晋三官房副長官（当時）が「核兵器使用は違憲ではない」と発言した（〇二年五月一三日）ことに対して、核保有について「（憲法に）持ってはいけないと書いていない。私個人の理屈から言えば持てるだろう」と官房長官会見で発言している（〇二年五月三一日）。また、早稲田大学の学生が女子大生を集団強かんした「スーパーフリー事件」（〇三年六月）について、「（女性が）裸のような格好をしているのが悪い」「男はクロヒョウなんだから情状酌量ってこともある」と発言し、官房長官の立場にありながら、レイプを擁護するものだと物議をかもした。官房長官時代、「テロ特別対策法」や「国民保護法」（本質は国民総動員法）の主務大臣として、国会で提案理由を説明し、法案を強行成立させた。首相になってから、国会質問などでは低姿勢を装い、表向きはソフトに見えるが、本質的にはタカ派の政治家である。

福田康夫内閣は、安倍内閣同様に日本会議内閣、「神の国」内閣であり、極右政権というべき性格である。福田内閣の大臣一八人中九人が改憲・翼賛の右翼組織の日本会議と連携する「日本会議議連」に所属している。また、憲法を改悪して日本を天皇中心の「神の国」に変えることをめざす神道政治連盟と連携する神道政治連盟国会議員懇談会（「神道議連」）のメンバーが八人もいる。みんなで靖国神社に参拝する国会議員の会（「靖国議連」）に所属し、春・秋例大祭や敗戦記念日（八月一五日）に参拝を繰り返している大臣が一〇人、憲法改悪をめざす憲法調査推進議員連盟（「改憲議連」）に所属する大臣も一一人である。九五年にアジア太平洋戦争を侵略戦争ではない、「慰安婦」や南京大虐殺はでっち上げと結論し、教科書から侵略・加害記述を無くすためと国民の歴史認識を変えるために学者を中心とした「国民運動」を提起した自民党の歴史・検討委員会の委員が三人いる。「つくる会」と連携してきた「教科書議連」に所属する大臣も二人である。安倍内閣の改造前よりこれらの右派議連所属大臣は少し減っているが、どれにも関係していないのは公明・冬柴鐵三国土交通相、民間の増田寛也総務相、大田弘子経済財政相だけという異常さである。「日本会議議連」に所属する大臣の全大臣に占める比率は五〇％、冬柴・増田・大田を除けば六〇％にもなる。「神道議連」は五三％、「靖国議連」は六七％、「改憲議連」は七三％を占める。ちなみに、全自民党議員のなかで、「日本会議議連」に加盟する議員は五一％を占めている。

副大臣・大臣政務官もほとんどがこれらの議連に所属している。いまのところ、これら右派議連に名前がみつからないのは副大臣二二人中公明党の三人と自民党の二人、大臣政務官二六人中公明党の三人と自民党の三人だけである。安倍内閣同様に、日本会議による内閣ジャックといえる。

しかも、中国の抗日記念館から不当な写真の撤去を求める国会議員の会という「反中国議連」顧問の町村信孝を官房長官に据え、同顧問の泉信也を国会公安委員長にしている。さらに、同議連役員が副大臣に二人、大臣政務官に一人いる。米下院の「慰安婦」決議に反対して『ワシントンポスト』に意見広告を出した議員が副大臣に一人、大臣政務官に二人いる。少しでも国際感覚があれば、このような人物を大臣・副大臣・政務官にすることはありえない。あきれるばかりである。アジアはもちろん国際社会から物笑いになる内閣である。この大臣・副大臣・政務官の顔ぶれでは、中国をはじめアジア諸国だけでなく、世界各国との外交が早晩破綻することが予測される。（以上については、八〇―八一ページの資料4を参照）

福田内閣のタカ派性、反アジア・反国際社会性を象徴しているのが町村信孝官房長官である。町村官房長官は、ほとんどの右翼議連に所属しているが、特に、前記の「反中国議連」の顧問を務めている。町村は、橋本龍太郎内閣の文部大臣時代に、「教科書が『偏向』している、出版社の自己規制や採択によって是正する」と国会答弁し（俵著『徹底検証あぶない教科書』学習の友社、一九九七年、参照）、森喜朗内閣の首相補佐官時代に出版社に裏から圧力をかけて「慰安婦」記述を削除させ（俵著『あぶない教科書NO！』花伝社、二〇〇五年、参照）、森内閣の文科相として、「つくる会」の教科書（扶桑社版）を検定合格させ、韓国・中国からの批判・再検定要請を拒否した「実績」をもっている。

福田内閣で代わった大臣の渡海紀三朗文科相は「靖国議連」に所属し、石破茂防衛相は、「日本会議議連」（副幹事長）「神道議連」「改憲議連」「靖国議連」「拉致議連」に所属している。自民党の四役もタカ派で固めている。伊吹文明幹事長は、「神道議連」の幹事長で、「日本会議議連」「改憲議連」「靖国議連」のメンバーであり、文科相として教育基本法や教育三法改悪を強行した「実績」の持ち主である。自民党歴史・検討委員会の委員だった谷垣禎一政調会長と古賀誠選対委員長は、共に「日本会議議連」「靖国議連」に所属し、二階俊博総務会長は「改憲議連」「靖国議連」のメンバーである。

ところで、これは安倍内閣の置き土産というべきことだが、日本政府は中国と〇六年一二月から日中歴史共同研究はじめ、韓国とも〇七年六月から第二次日韓歴史共同研究を開始している。中国側・韓国側とも研究委員には、私たちと共同で『日本・中国・韓国＝共同編集　未来をひらく歴史――東アジア三国の近現代史』（日本の発行は高文研、二〇〇五年、現在八万部）をつくった委員が複数参加している。中国は、歩平(中国側座長)・栄維木などで、韓国は、河棕文・辛珠柏などが委員になっている。ところが、日韓の日本側の委員は、反韓・嫌韓の本『韓国・北朝鮮の嘘を見破る――近現代史の争点三〇』（文春新書、二〇〇六年）の編著者の古田博司（筑波大学教授）をはじめ三人の著者が選ばれている。日中の日本側委員も小泉の外交ブレーンで「つくる会」を擁護してきた北岡伸一（東京大学教授）が座長である。こうしたところにも日本政府のアジアに対する姿勢、歴史認識の問題点があらわれている。

おわりに

南京事件や「慰安婦」など日本の侵略・加害を否定する政治家や右派知識人たちの動きは、憲法九条を改悪して日本を「戦争をする国」にする動きと一体のものである。憲法九条を改悪して自衛隊を「自衛軍」（自民党憲法草案）にし、自衛軍が米軍と一体化して海外で戦争ができるようにするためには、日本の侵略・加害は「嘘」「虚構」であり、「日本の戦争は正しかった」という歴史認識・戦争認識を国民に共有させ、自衛隊の戦争を支持する国民をつくる必要があるからである。元「つくる会」

理事・扶桑社版歴史教科書の監修者で、今度「教科書改善の会」の育鵬社版歴史教科書編集委員会座長になった、実証主義歴史学者の伊藤隆（東京大学名誉教授）は、「日本は正しい戦争を戦った、防衛戦争を戦った」と語るまでになっている（〇七年九月二九日の「教科書改善の会」発足記念、教科書改善シンポジウム）。また、「自由主義史観」研究会や「つくる会」などは、「南京大虐殺三〇万人説」、「従軍慰安婦強制連行説」、「沖縄戦『集団自決』軍命令説」を「自虐史観の三点セット」だと位置づけ、これらを教科書から削除させ、「皇軍の名誉を回復する」ことをねらってキャンペーンを行ってきた。文科省は、安倍政権の誕生を背景に、二四年間検定意見をつけなかった沖縄戦住民強制集団死（「集団自決」）について、〇六年度高校日本史教科書検定で、「日本軍の強制」記述を削除・修正させた。「軍隊は住民を守らない」という沖縄戦の教訓を抹殺するねらいである。

「軍隊は住民を守らない」という沖縄戦の教訓は、「武力で平和は守れない」ということとともに、まだまだ日本の市民の中に定着していないようである。七七年当時自衛隊制服組のトップ幕僚長だった来栖正臣（故人）は、二〇〇〇年四月に発刊した『日本国防軍を創設せよ』（小学館文庫）の中で次のように述べている。

「今でも自衛隊は国民の生命、財産を守るものだと誤解している人が多い。政治家やマスコミも往々にしてこの言葉を使う。しかし国民の生命、財産を守るのは警察の使命（警察法）であって、武装集団たる自衛隊の任務ではない。自衛隊は『国の独立と平和を守る』（自衛隊法）のである。この場合の『国』とは、わが国の歴史、伝統に基づく固有の文化、長い年月の間に醸成された国柄、天皇制を中心とする一体感を共有する民族、家族意識である。決して個々の国民を意味しない。」

沖縄戦「集団自決」検定問題は、沖縄県民の怒りを呼び起こし、沖縄県議会（二回）をはじめ四一の全市町村議会のほぼ全会一致による意見書採択、一一万六千人が結集した九・二九県民大会に示されたように、「検定意見の撤回」「記述の回復」を求めて、超党派の島ぐるみの大きな運動を展開している。本土でも、沖縄県民と連帯した運動が広がり、五府県三五市四区六町の五〇議会が「検定意見撤回」「記述の回復」などの意見書を採択している（〇七年一二月三〇日現在）。沖縄戦検定問題は、日本の侵略・加害の歴史認識をめぐるたたかいの結節点になっている。検定意見を撤回させ、記述の回復と更なる改善を実現させることができれば、歴史認識をめぐる運動に新しい展望が開けることは明らかであり、それは、憲法九条改悪、「戦争をする国」を阻止する道を切り拓くことにもつながると確信する。沖縄戦検定問題については、第3章と「あとがきにかえて」に後述している。

第3章　問われる教科書検定制度

一　沖縄戦強制集団死（「集団自決」）の教科書検定問題

1　沖縄戦教科書検定の経緯

二〇〇六年度の教科書検定（〇八年度から使用）で沖縄戦における住民の強制集団死（「集団自決」）に関する記述に対して、「沖縄戦の実態について誤解するおそれのある表現である」という検定意見がつけられ、検定申請した五社七点の日本史教科書が書き換えを命じられた。検定意見は強制力があり、それに従って修正しなければ不合格になる。文科省の検定意見はほとんどの場合、このように極めて抽象的であり、何をどう「誤解するおそれがある」のか不明である。教科書調査官は執筆者同席の場で検定意見を口頭で説明するが、今回の場合、各社の執筆者・編集者などの質問に対して、調査官は、日本軍による命令はなかったという学説があるので、「日本軍の強制」をあらわす表現はダメ、日本軍という主語もとるように、指示している。各社はやむなく、「日本軍によって」「集団自決に」「追い込まれた」「強いられた」「強制された」などの記述から、「日本軍」という主語を削除し、軍の強制ではなく、あたかも住民が自主的・自発的に集団死したかのような表現に修正した（検定の具体例は資料5参照）。

従来、多くの高校日本史教科書がこの問題をとりあげ、いずれも日本軍によって「集団自決」に「追いやられた」「追い込まれた」「強制された」「強いられた」などと記述していた（「軍命令」と「強制」は同じではない。「軍の命令によって」と書いている教科書は一冊もない！）。これらの記述に対し検定で修正を命じられることは、少なくとも一九八二年以降はなかった。

ところが今回、これらの記述に対し、検定によって、いずれも「集団自決」をひきおこした主体としての「日本軍」という語がはずされ、あたかも住民がみずからの意思で「集団自決」を行ったかのような表現になった。沖縄戦における強制集団死の歴史的事実を歪める検定である。軍の命令・強制があったという証言は多数ある。沖縄戦における強制集団死は、沖縄県民の体験にもとづく数々の証言と研究によって明らかにされてきたことである。何よりも日本軍がいなかった場所では「集団自決」は起こっていない。沖縄の日本軍は「軍官民共生共死」の方針を軍や官だけでなく住民にも指示し、軍人だけでなく住民にも捕虜になることを禁じていた。かりに軍の命令が直接住民に伝えられることがなかった場合でも、両軍が接近しての戦闘状態のなかで、住民が軍命とうけとめるのが当然という状況が多くの証言で明らかにされており、日本軍が自殺のための手榴弾を配った事実もある。これらの事実をふまえた歴史研究の成果にもとづき、従来のような教科書記述が行われてきた。その記述から、日本軍による「強制、指示、誘導」という趣旨の語を削除することは、まさに「沖縄戦の実態について誤解」させる表現に修正させたというべきである。

2　沖縄戦教科書検定の背景とねらい

文科省の教科書調査官は執筆者と教科書会社に口頭で説明したとき、調査官は、林博史（関東学院

当初の訂正申請	訂正申請決定
日本軍によって壕から追い出されたり、あるいは集団自決に追い込まれた住民もあった。	（左に同じ）
日本軍によって「集団自決」に追い込まれたり、スパイ容疑や作戦の妨げになるなどの理由で殺されたりした人もいた。	スパイ容疑や作戦の妨げになるなどの理由で、日本軍によって殺された人もいた。日本軍は住民の投降を許さず、さらに戦時体制下の日本軍による住民への教育・指導や訓練の影響などによって、「集団自決」に追い込まれた人もいた。
日本軍に手榴弾を手渡されて自決を強要された人びと（「集団自決」②）や、戦闘の邪魔になることやスパイ容疑を理由に殺された人びともおり、沖縄戦は悲惨をきわめた。　[②「集団自決」については、軍が関与した「強制集団死」であるという説がある。]	戦闘の妨げやスパイ容疑を理由に殺された人もいた。日本軍の関与によって集団自決に追い込まれた人もいるなど、沖縄戦は悲惨をきわめた②。[②最近では、集団自決について、日本軍によってひきおこされた「強制集団死」とする見方が出されている。]
日本軍によって「集団自決」②においこまれたり、スパイ容疑で虐殺された一般住民もあった。[②これを「強制集団死」と呼ぶことがある。] ……また国内でも、2007年の教科書検定の結果、沖縄戦の「集団自決」に日本軍の強制があった記述が消えたことが問題になった④。[④沖縄県では、同年9月には「検定撤回」を求める県民大会が、1995年の県民大会を大きくこえる規模で開催された。] 資料　金城重明証言　（追加分）　軍から命令が出たとの知らせがあり、いよいよ手榴弾による自決が始まりました。操作ミスが原因でわずかの手榴弾しか発火しません。そのため死傷者は少数でした。しかし結果はより恐ろしい惨事を招いたのです。（その他　略）	日本軍によって「集団自決」②においこまれたり③、スパイ容疑で虐殺された一般住民もあった。[②これを「強制集団死」とよぶことがある。③敵の捕虜になるよりも死を選ぶことを説く日本軍の方針が、一般の住民に対しても教育・指導されていた。] ……また国内でも、2007年の教科書検定の結果、沖縄戦の「集団自決」に日本軍の強制があった記述が消えたことが問題になった④。[④沖縄県では、県議会・全市町村議会で検定意見の撤回を求める意見書が可決され、同年9月には大規模な県民集会が、開催された。] 資料　金城重明証言　（追加分）　日本軍はすでに三月二十日ごろには、三十名ほどの村の青年団員と役場の職員に手榴弾を二こずつ手渡し、「敵の捕虜になる危険性が生じたときには、一こは敵に投げ込みあと一こで自決しなさい」と申し渡したのです。…いよいよ二十八日の運命の日がやってきました。（その他　略）
手榴弾を配布されたり、玉砕を強いられたりするなど、日本軍の強制によって集団自決に追い込まれた人々もいた。 〈年表〉2007　沖縄県と県下全市町村の議会、集団自決についての教科書検定意見の撤回を求める意見書を可決	軍・官・民一体の戦時体制のなかで、捕虜になることは恥であり、米軍の捕虜になって悲惨な目にあうよりは自決せよ、と教育や宣伝を受けてきた住民のなかには、日本軍の関与のもと、配布された手榴弾などを用いた集団自決に追い込まれた人々もいた。 〈年表〉2007　沖縄県と県下全市町村の議会、集団自決についての教科書検定意見の撤回を求める意見書を可決
日本軍により、戦闘の妨げになるなどの理由で県民が集団自決に追いやられたり、幼児を殺されたり、スパイ容疑をかけられるなどして殺害されたりする事件が多発した。	日本軍により、戦闘の妨げになるなどの理由④で県民が集団自決に追いやられたり、幼児を殺されたり、スパイ容疑をかけられるなどして殺害されたりする事件が多発した。[④住民は米軍への恐怖心をあおられたり、捕虜となることを許されなかったり、軍とともに戦い、軍とともに死ぬ（「共生共死」）ことを求められたりもした。]
日本軍は、県民を壕から追い出したり、スパイ容疑で殺害したりした。また、日本軍は、住民に手榴弾をくばって集団自害と殺しあいを強制した。犠牲者はあわせて800人以上にのぼった。	日本軍は、県民を壕から追い出したり、スパイ容疑で殺害したりした。また、日本軍は、住民に対して米軍への恐怖心をあおり、米軍の捕虜となることを許さないなどと指導したうえ、手榴弾を住民にくばるなどした。このような強制的な状況のもとで、住民は、集団自害と殺しあいに追い込まれた。これらの犠牲者はあわせて800人以上にのぼった。

資料５　沖縄戦の集団自決をめぐる各社教科書の検定・訂正申請の経過一覧（歴教協作成）

	申請本の記述	検定後の見本本
山川　A	日本軍によって壕を追い出され、あるいは集団自決に追い込まれた住民もあった。	日本軍に壕から追い出されたり、自決した住民もいた。
第一学習社　A	集団自決のほか、スパイ容疑や、作戦の妨げになるなどの理由で日本軍によって殺された人もいた。	（左に同じ）
三省堂　ＡＢ共通	日本軍に「集団自決」を強いられたり、戦闘の邪魔になるとか、スパイ容疑をかけられて殺害された人も多く、沖縄戦は悲惨をきわめた。	追いつめられて「集団自決」した人や、戦闘の邪魔になるとかスパイ容疑を理由に殺害された人も多く、沖縄戦は悲惨をきわめた。
東京書籍　A	日本軍がスパイ容疑で虐殺した一般住民や、集団で「自決」を強いられたものもあった。 資料　金城重明証言（略）	「集団自決」においこまれたり、日本軍がスパイ容疑で虐殺した一般住民もあった。 資料　金城重明証言（略）
清水書院　B	日本軍に集団自決を強制された人もいた。	集団自決に追い込まれた人々もいた。
実教出版『日本史B』	日本軍により、県民が戦闘の妨げになるなどで集団自決に追いやられたり、幼児を殺されたり、スパイ容疑などの理由で殺害されたりする事件が多発した。	県民が日本軍の戦闘の妨げになるなどで集団自決に追いやられたり、日本軍により幼児を殺されたり、スパイ容疑などの理由で殺害されたりする事件が多発した。
実教出版『高校日本史B』	日本軍は、県民を壕から追い出したり、スパイ容疑で殺害し、日本軍のくばった手榴弾で集団自害と殺しあいをさせ、800人以上の犠牲者を出した。	日本軍は、県民を壕から追い出したり、スパイ容疑で殺害したりした。また、日本軍のくばった手榴弾で集団自害と殺しあいがおこった。犠牲者はあわせて800人以上にのぼった。

大学教授）の『沖縄戦と民衆』（大月書店、二〇〇一年）の記述を根拠に出し、「日本軍から公式な命令が出て集団自決が起こったのではないという見方が定着しつつある」「集団自決について日本軍の命令があったことが立証されていないというのが一般的になっている」などと主張した。これに対して、教科書執筆者・歴史研究者たちは、次のように反論した。

「たしかに林の著書には、慶良間諸島の事例について、軍からの明示の自決命令はなかったと書いた箇所がある。しかし林の著書全体の趣旨は、さまざまな形での軍からの強制がなければ『集団自決』は起こりえなかったと、『自決』が起こらなかった地域との対比のなかで結論づけている。教科書調査官は初歩的かつ明白な誤読をしており、検定審議会委員もそれを追認した。このような初歩的な誤読にもとづく検定意見が、文科省のいうように、学問的立場から公正に審議した結論だなどとはいえない。」（社会科執筆者懇談会声明、〇七年一一月七日）

今回の沖縄戦「集団自決」の検定意見は、沖縄戦の事実を歪曲する間違った検定意見であり、根拠のないものである。

文科省は、記者会見での説明で、執筆者・教科書会社への説明では言わなかった別の根拠を明らかにしている。それは、大阪地裁で係争中の大江健三郎・岩波書店を被告とする沖縄戦「集団自決」訴訟である。文科省はこれを原告側の呼び名である「冤罪訴訟」と称し（後に伊吹文科相が「不適切と陳謝」）、ここでの原告側主張（梅沢自身の陳述書）を取り上げている。この訴訟は、二〇〇五年八月、「集団自決に軍命令はなかった」と主張して当時の日本軍の渡嘉敷島戦隊長（梅澤裕）と座間味島戦隊長（赤松嘉次）の遺族（実弟・秀一）が大江と岩波書店を相手取った訴訟を大阪地裁に提訴したものである。しかし、文部省（文科省）は、従来係争中の裁判について教科書に記述するのは適当でないという立場をとってきた。今回の検定で、まだ係争中であり、一審判決も出ていない裁判について、しかも一方の主張だけを根拠にするのは、文科省の検定方針にも反する異常なことである。

これについて、大江・岩波弁護団は〇七年四月四日に抗議声明を出し、次のように主張している。

「(1)　訴訟は現在大阪地裁において継続中であり、証人の尋問さえ行なわれておらず、

(2)　岩波書店及び大江健三郎は、座間味島及び渡嘉敷島における『集団自決』において、①『軍(隊長)の命令』があったことは多数の文献によって示されている、②当時の第三二軍は『軍官民共生共死』方針をとり、住民の多くを戦争に動員し、捕虜になることを許さず、あらかじめ手榴弾を渡し、『いざとなれば自決せよ』などと指示していた、つまり慶良間諸島における『集団自決』は日本軍の指示や強制によってなされた、として全面的に争っており、さらに、

(3)　『集団自決』をした住民たちが『軍（隊長）の命令があった』と認識していたことは、原告側も認めている。

文部科学省が『集団自決』裁判を参照するのであれば、被告の主張・立証をも検討するのが当然であるところ、原告側の主張のみを取り上げて教科書の記述を修正させる理由としたことは、誠に遺憾であり、強く抗議するものである。」

前述のように、文科省が検定意見の根拠にした『沖縄戦と民衆』は、「集団自決」が軍の強制によって起こったことを明らかにしているが、その中のごく一部の記述を都合の良いように引用したものである。著者の林自身が「悪用された」と怒っている。ところで、〇一年発行のこの著作物を根拠にするなら、〇六年度検定以前の〇一年・〇二年、〇五年の高校日本史教科書の検定でも修正を求めることができたはずである。なぜ〇六年の検定で突然に林の著書の記述を根拠に持ち出してきたのか。

〇六年の検定で軍の強制を削除させるという結論が先にあって、その理由づけのためにこの著書を持ち出したのではないかという疑念は当然である。

〇六年になって、このような検定が突然行われた「状況の変化」は、極右の安倍政権の誕生と沖縄戦「集団自決」訴訟だけである。この訴訟の原告弁護団には、〇五年総選挙で「小泉刺客」の一人として当選した日本会議に属する稲田朋美衆議院議員や「つくる会」の高池勝彦副会長などがいる。このような訴訟が提起されたからといって沖縄戦に関する学説状況が大きく変化したわけではないにもかかわらず、両論併記すら認めずに軍命令がなかったという立場で、「日本軍の強制」を許さない断定的記述を強制したことはきわめて不当であり、本来あってはならないことである。

しかも前述のように、文科省（文部省）は、これまで係争中の裁判を教科書に記述するのは適当でないとしていた。この従来の検定方針を自ら破ってこのような検定をあえて強行したのは、訴訟が提起されたことから文科省が独自に判断したのではないだろう。「つくる会」や日本会議及びこれにつらなる右翼政治家からの圧力があったためだと判断せざるを得ない。歴史を歪曲する極右の安倍政権の誕生が今回の検定の背景にある。「チーム安倍」の下村博文官房副長官（当時、現「日本会議議連」幹事長）は「自虐史観に基づいた歴史教科書は官邸のチェックで改めさせる」と主張していた。この下村と山谷えり子首相補佐官と稲田議員が安倍首相（当時）の「威光」も利用しながら何らかの役割を果たしたのではないかと思われる。共同通信の配信によれば、文科省の担当者は「安倍政権に配慮した」と認めている（『神奈川新聞』〇七年一二月二七日付）。

日本を「戦争をする国」に変えるためには憲法九条を改悪するだけではだめである。国民が積極的に自衛隊の戦争を支持し、戦争に参加するようになることが必要である。そのために、「つくる会」

などは、「従軍慰安婦強制連行説」「南京大虐殺」「沖縄戦集団自決軍命令説」を「自虐史観の三点セット」だといい、教科書からの削除を要求し、「皇軍（旧日本軍）の名誉を守る（回復する）」と主張している。さらに、「軍隊は民衆を守らない、住民を殺す」という沖縄戦の真実を否定し、「集団自決」（強制集団死）を「軍国美談」（犠牲的精神の発露）にすることをねらっている。これは、日本の侵略・加害の事実をあいまいにし、あわよくば隠蔽し、「日本の戦争は正しかった」という歴史認識を定着させるねらいである。改悪教育基本法、改悪教育関連三法により、国民に愛国心を植え付け、格差社会に異議を唱えず為政者に従順に従う人間をつくること、憲法改悪と一体のものである。

政府・文科省は、改悪した教育基本法や学校教育法に「愛国心教育」を盛り込んだ。前述（六七ページ）の沖縄戦検定問題での右派の連合組織「教科書検定への政治介入に反対する会」の代表の小田村四郎（日本会議副会長）は、「愛国心」とは、「命を棄てて国を守るといふ国民精神」であり、「教育の基本」は、「国家のために命を捧げる心を養う」ことである、それは同時に、「奉公の精神を育成すること」だと主張している（日本会議の機関誌『日本の息吹』〇七年一月号）。ここに彼らのねらいが示されている。

3　沖縄戦検定意見の撤回を求めるたたかいの広がり

沖縄では、沖教組・沖高教組を含む広範な市民組織や個人によって、「沖縄戦の歴史歪曲を許さず、沖縄から平和教育をすすめる会」が結成されている。この「平和教育をすすめる会」の呼びかけで、六三団体が参加する実行委員会がつくられ、実行委員会が主催して、〇七年六月九日に検定意見の撤回を求める「沖縄戦の歴史歪曲を許さない沖縄県民大会」が開催され三五〇〇人が参加した。また、那覇市議会が主催して「沖縄戦『集団自決』の教科書検定に関する展示会」が市議会ロビーで六月一一日から一五日まで開催された（この展示は大変好評で期間を延長）。白表紙本（検定申請本）と修正後の見本本、修正前後の文書パネルなどが展示されていた。六月一五日には六・九県民大会の代表団三七人が上京して国会内で文科省要請、院内集会、記者会見を開催し、文科省前宣伝を行った。きわめて短期間にもかかわらず、沖縄では第一次集約で九万二三三八筆の署名が集められ（署名は八月三一日現在で四四万筆を超えた）、代表団はこれを持参して当日文科省に提出した。

六月一五日の文科省要請などの諸行動は、沖縄代表団に、後述（九八ページ）する「沖縄戦首都圏の会」「裁判支援連絡会」も共同して取り組んだ。国会の衆院議員会館会議室での文科省への要請（交渉）では、文科省の布村幸彦初中局審議官（審議官は課長と局長の間の職種）に対して、代表団がするどく追及して検定意見の撤回を求めた。布村審議官は、六月一三日に上京した自民党所属の沖縄県議と会い、「教科用図書検定調査審議会は、今回、座間味島、渡嘉敷島の事例のみを議論し、本島でも起きた『集団自決』は対象にしなかった」と語っている（『琉球新報』〇七年六月一四日付）。代表団から、「集団自決」は沖縄戦全体で起こったことで、座間味島、渡嘉敷島の事例だけで検定意見をつけて削除させたのは問題だと追及され、「自分はそのようには言っていない」と言い逃れに終始した。また、「集団自決」について、「軍の関与、責任は確かにある」と認めたが、検定意見は「隊長命令はなかった」という学説や証言をもとにしたと説明している。しかし、どの教科書にも「隊長命令」と書いたものはないことを追及され、答弁できなかった。さらに、検定意見を撤回して記述を元にもどせ、という要求に対しては「できない」と拒否した。

布村審議官は文部省で家永教科書裁判を担当し、八八年二月の家永教科書裁判の沖縄出張法廷にも国側代理人として法廷に出ている。この出張法廷では、金城重明沖縄基督教短期大学教授（当時）の

「集団自決」の悲惨な実態、それが軍による命令・強制だったという証言を聞いている。

布村審議官は、沖縄戦の住民虐殺など悲惨な事実については承知しているし、学校でも教えることが大切であり、中学校と高校の歴史教科書にはすべて沖縄戦の悲惨な事実が書かれている、と主張した。しかし、これは事実ではない。「つくる会」教科書には、沖縄戦について、初版本では、「沖縄では、鉄血勤皇隊の少年やひめゆり部隊の少女たちまで勇敢に戦って、一般住民約九万四〇〇〇人が生命を失い、一〇万に近い兵士が戦死した」と美化していた。これが批判されて現行本では、「四月、米軍は沖縄本島に上陸し、日本軍の死者約九万四千人、一般住民の死者も九万四千人を出す戦闘の末、二カ月半のちに沖縄を占領した」と書いているだけである。また、日本会議の高校教科書『最新日本史』(明成社版)は、「沖縄では、中学生・女学生を含む一般県民の防衛隊を兵力に加えた守備隊が、軍民一体となって上陸米軍と激しい戦闘をつづけた。そして、三カ月にわたる戦闘ののち、守備隊は全滅した」としか書いていない。どちらにも「悲惨な状況」などは見あたらない。布村審議官の説明は事実ではないわけである。私たちは検定には反対の立場であるが、もし、布村審議官が沖縄戦の悲惨な事実を教科書に載せるべきだというのであれば、こういう教科書にこそ、〇六年のように「沖縄戦の実態について誤解するおそれがある」という検定意見をつけるべきではないだろうか。〇六年の沖縄戦「集団自決」検定に比べれば、文科省は明らかにダブルスタンダードだということができる。

沖縄県民のたたかいは、文科省への抗議、県議会(二回)と全四一市町村議会の「検定意見の撤回」「記述回復」を求める意見書が採択された。さらに、新たな証言者が多数発言しはじめ、行政・議会・住民による超党派の抗議・要請行動など、半年間のたたかいが積み重ねられ、九月二九日の「検定意見の撤回を求める九・二九県民大会」には一一万六〇〇〇人が結集して大きく成功した。そして、一〇月一五日〜一六日には、県民大会実行委員会代表二〇〇人による政府・文科省・教科書会社への要請行動が取り組まれた。沖縄の怒りと島ぐるみのたたかいは全国の世論を変えつつある。

沖縄と連帯した本土の取り組みもすすんでいる。「沖縄戦の歴史歪曲を許さず、沖縄から平和教育をすすめる会」（沖縄）「大江健三郎・岩波書店沖縄戦裁判支援連絡会」（事務局・大阪）「大江・岩波沖縄戦裁判を支援し沖縄の真実を広める首都圏の会」（「沖縄戦首都圏の会」）の三つの市民組織の連携と共同がすすめられ、三者は共同してこれまで五回の要請書を文科相あてに提出している（〇七年一二月二七日現在）。私たちの呼びかけによって、本土における自治体議会での検定意見撤回・記述の回復などの意見書採択の動きも広がり、一二月三〇日現在、五〇議会（五府県、三五市四区六町）で意見書が採択されている。文科省と大阪地方裁判所宛の二つの署名のとりくみもすすめられてきた。

裁判が行われている大阪では、「裁判支援連絡会」が法廷の度に報告集会を開催し、毎回、二〇〇名前後の人が参加している。「大江・岩波沖縄戦裁判」は、〇七年九月一〇日に沖縄出張法廷が那覇地方裁判所で行なわれ、「集団自決」体験者の金城重明が証言した。〇七年一一月九日には本人尋問が行われ、原告の梅澤裕と赤松秀一、被告の大江健三郎が証言した。一一月九日には、六五席の傍聴券を求めて約七〇〇人が集まり、筆者も駆けつけたが抽選にはずれ、抽選にあたった支援者から傍聴券を譲られて傍聴した。裁判は、〇七年一二月二一日に結審して〇八年三月二八日に判決が出される。三月二八日は、六三年前に渡嘉敷島で「集団自決」が起こった日である。

「沖縄戦首都圏の会」は、この間連続的に集会や講座を開催し、文科省前や有楽町マリオン前での街頭宣伝を展開してきたが、「九・二九県民集会」代表団が上京した〇七年一〇月一五日には、東京沖縄県人会と共催して、沖縄代表団の一部を含めた六五〇人で会場があふれる集会を開催した。そして、一二月三日には、「沖縄戦首都圏の会」と東京沖縄県人会が主催し、四〇を超える団体の賛同によって、「一二・三沖縄戦検定意見撤回を求める全国集会」を開催し、一〇〇〇人が参加した。

一方、社会科教科書執筆者・関係者懇談会は、〇六年度検定で沖縄戦記述から日本軍の強制を削除・修正させられた五社の執筆者・関係者などが参加して三回の会合を持ち、あくまで間違った検定意見の撤回を求めていくことを確認し、同時に、〇八年四月から学ぶ高校生に沖縄戦の真実がわかるように「訂正申請」を行うことを申し合わせた。五社は、「集団自決」は日本軍の強制によるという内容の「訂正申請」を一一月八日までに行った（この経過と結果については「あとがきにかえて」参照）。執筆者懇談会は、一一月七日に記者会見を行い、「沖縄戦検定にかかわる訂正申請提出にあたっての声明」を発表して、検定意見がいかに誤ったものであるかを明確にし、あくまでも検定意見の撤回を要求し続けるという「訂正申請」を行う執筆者の立場や考え方を明らかにした。この会見では同時に、「沖縄戦の事実を歪める教科書検定の撤回を求める歴史研究者・教育者のアピール」が発表されたが、このアピールには六四六名の研究者・教育者が賛同者として名前を連ねている（〇七年一一月七日現在）。

沖縄県民をはじめとしたたたかいによって追いつめられた文科省は、執筆者・教科書会社による「訂正申請」によってあいまいな形で解決を図ろうとした。しかし、県民大会の決議は、「検定意見の撤回」と「記述の回復」であり、連帯する私たちの要求も同じである。文科省は間違った検定を行ったわけであるから、その間違いを認め、謝罪して検定意見を撤回すべきである。訂正申請によって記述の回復・改善を行うことは重要である。しかし、検定意見の撤回なしに訂正申請によって解決しただけでは、再び同じ過ちを繰り返す危険性がある。そのために、検定意見の撤回がどうしても必要なのである。

二　教科書調査官を廃止すべし――教科書検定に教科書調査官は必要ない

1　戦後の民主化・教育改革と教科書制度――一九五六年までの教科書検定制度

一九四七年に侵略戦争の反省の上に立って、憲法・教育基本法が施行され、それにもとづいて、「憲法の理想の実現」（四七年教育基本法前文）をめざす教育をあらゆる場面で追求する戦後の教育改革が本格的にはじまった。文部省は一九四七年に学習指導要領(試案)を発表し、教育のあり方を示した。

そこでは、戦前戦中の教育が、教育内容を中央で決め、すべての子どもに一様にあてはめた画一的なもので、創意工夫の余地がなかったことを反省し、学習指導要領という「骨組みに従いながらも、その地域の特性や、学校の施設の実状、さらに児童の特性に応じて、それぞれの現場でそれらの実状にぴったりした内容を考え、その方法を工夫してこそよく行くのであって、ただあてがわれた型のとおりでは、かえって目的を達するに遠くなる」としていた。さらに、学習指導要領に描いた「こどもは、きわめて概括的にとらえたこどもにすぎない。このとおりのこどもを頭の中に描いて、目の前にいる生きたこどもにおっかぶせてしまうような錯覚を起さないでほしい。この本の中のこどもは、どこまでも、あなたの目の前の、学習を始めようとするこどもを見るときの参考にすぎない」（一九五二年改訂学習指導要領理科編）としていた。

国定教科書制度を廃止して、新たに採用された教科書検定制度は、教育基本法を基礎に、学校教育法、教科書制度改善協議会答申（四七年九月）、教科用図書委員会の設置（四七年一二月）、教科書の発行に関する臨時措置法（四八年七月公布）などによって発足した。

一九四七年に学校教育法が制定されたが、そこでは教科書検定は「監督庁」が行うこととされていたが、この監督庁は、翌年発足する都道府県教育委員会を意味していた。四八年に教育委員会法が公布され公選の教育委員会が発足した。しかし、教科書を印刷する用紙事情のために、教科書検定は、「当分の間」文部大臣がおこなうとした。ところが、政府・文部省は一九五三年に文部大臣に検定権限を固定してしまった。

一九四八年四月、文部省は教科用図書検定規則などを制定した。この規則の第一条には、「教科用図書の検定は、その図書が教育基本法及び学校教育法の趣旨に合致し、教科用に適することを認めるもの」と規定していた。同時に発表された「教科用図書検定の一般的基準」の「絶対条件」では、「わが国の教育の目的は教育基本法に示されているのであるが、その教育で使われる教科書もまたこの目的に反するところがあってはならない。たとえば、平和の精神を害するものとか、真理を歪める点のあるものとか……は教科書として不適格と断ぜざるを得ない」としていた。また、四九年二月に公布された教科用図書検定基準は、法的拘束力をもつものではなく、あくまで教科書作成の参考基準・要望基準とされていた。

当時の実際の検定手続きは、次のようにして行われていた。

文部省は各教科五人一組になった匿名で非常勤の教科書調査員（文部省から委嘱された現場教員三名、専門学者二名）が申請図書を調査し、調査意見書と評定書を作って教科用図書調査会（一六名で構成）に提出し、ここで合否を決定した。このとき、原則として調査員五名の評点合計が一〇〇〇点満点で八〇〇点を超えれば合格、以下ならば不合格とされていた。なお、教科用図書調査会は、一九五〇年五月に教科用図書審議会と統一されて、教科用図書検定調査審議会となり、委員も五四人以内に増員されている。ここで重要なことは、教科書検定は常勤の文科省の役人である教科書調査官でなくても、このような非常勤の調査員によってでも十分可能だということである。

2　一九五五年第一次教科書「偏向」攻撃以降の転換

再軍備に向けて憲法九条改悪を支持する国民を教育によってつくることを約束した、一九五三年の池田・ロバートソン会談後、当時、「逆コース」と呼ばれた反動化、とりわけ教育の反動化がはじまった。それを背景に一九五五年、民主党（当時、五五年一一月に民主党と自由党が合同して自由民主党＝自民党が誕生）がパンフレット『うれうべき教科書の問題（一～三集）』を八月～一〇月に発行して、第一次教科書「偏向」攻撃を開始した。この教科書攻撃を背景に、五五年度の教科書検定においては、匿名の教科書調査員五名（A～E）の評点が八〇〇点を超えているのに、検定審議会の特定の委員（F）が、調査員の評定を無視した裁定で不合格にした（F項パージ）教科書は中学・高校の社会科八種類にもなった（後に、このFは皇国史観の持ち主である高山岩男と判明した）。

一九五六年、政府は教科書国家統制のために教科書法案を国会に上程した。この法案の柱は、①検定強化をめざした常勤の検定専門官＝教科書調査官制度の導入、②学校採択を廃止して、広域採択制度を導入することであった。

3　教科書調査官＝検定専門官は、議会制民主主義を否定して誕生した

教科書国家統制法案は国民の反対によって五六年六月に廃案になった。しかし、政府・文部省は、①については、文部省令によって教科書調査官制度を導入（五六年一〇月一〇日）し、教科用図書検

定調査審議会調査分科会委員を増員（一〇月一九日）するなど、行政措置によって、教科書国家統制法案に盛り込んだ教科書検定強化のねらいを実質的に具体化した。

また、②については、五七年以降、行政指導によって広域採択を推進した。同じ一九五六年に教育委員会法が廃止され、地方教育行政の組織及び運営に関する法律（地教行法）が制定され、公選制から任命制教育委員制度へ移行した。そして文部省は、五七年に「教科書採択権は教育委員会にある」と都道府県教育委員会に「通達」した。五八年、文部省は、改訂・学習指導要領を官報に告示し、「法的拘束力がある」と主張するようになる。五五年を契機に教科書は「冬の時代」に入ったといわれている。

以上の経過から明らかなように、文部省は、国会で一度否定された教科書調査官制度を行政措置によって実現したわけである。これは三権分立を旨とする議会制民主主義の否定である。その意味では、教科書調査官は当初から憲法に違反した違法な存在として生まれたといっても言い過ぎではない。こうしてつくられた教科書調査官がその後、「生殺与奪」の実権をもって、恣意的な検定を行い、教科書は強い国の統制を受け、「現在検定は学習指導要領の基準に則り厳格に実施されているので、内容面においては実質的に国定と同一である」（一九六三年に文部省が自民党総務会に提出した「教科書無償給与実施要綱案」）という実態になった。この制度によって教科書調査官になって権力をふるった一人が「私は皇国史観の持ち主であり、国粋主義者だ。国粋主義者であって何が悪い」と主張していた村尾次郎である。村尾は家永教科書裁判の法廷で国側証人として次のように語った。

原告代理人「検定の基準にのっとって審査されるという場合、個人の、例えば証人の学問上の見解が検定の基準の中に入り込まないという保証は、どこに求めるのですか」

村尾証人「たとえ個人の見解といえども、それが正しいものと、客観性を持ちうるものという判断がある場合に入れます」
原告代理人「その正しいと客観的に判断しうるかどうかは、誰がどのようにして行うのですか」
村尾証人「それは自分で決めるわけです」
原告代理人「えっ、ご自分で決めるっ！」
村尾証人「(平然と) はい」
原告代理人「……(絶句して声なし)」
(一九六九年七月五日、東京地裁民事二部法廷にて)

こうした教科書調査官による検定は、これまでも家永教科書裁判や高嶋教科書裁判によってその不当性、違法性が問題になり、判決で検定の違法性がいくつも確定している。

4　教科書調査官の問題点

私たちは現在の教科書調査官制度には次のような重大な問題点があると考えている。

(1) 教科書調査官のほとんどが教育現場の経験がないだけでなく、教職免許ももっていない。現場を知らない調査官が「教育的配慮」をかざして検定をおこなっている。

(2) 教科書調査官の学問的な知識や水準が教科書執筆者と比較してどうなのかということが、これまでも執筆者から指摘されている。例えば、自然科学分野で、日本でそのテーマの研究では第一人者が書いた原稿を「間違っている」といって削除・修正を求めた、など。

(3) 教科書調査官の任命のあり方。誰が、どのような基準で調査官を選んでいるのか、極めて不透明である。

今回の沖縄戦検定で問題になっている村瀬信一調査官や照沼康孝社会科主任調査官は、伊藤隆東大名誉教授の教え子である。家永教科書裁判第三次訴訟の最高裁判決（九七年八月）で四点の違法な検定を行ったことが確定している時野谷滋元主任教科書調査官は、照沼調査官の選任について、「伊藤隆東大教授のお力によって、同教授門下の照沼康孝調査官を（八三年）一〇月一日付でお迎えすることが出来た」と語っている（『時野谷滋博士還暦記念　制度史論集』）。

なお、前述の時野谷調査官（当時）の違法な検定とは次のような事例である。

家永教科書（『新日本史』三省堂）の八一年と八三年の検定で、南京大虐殺の記述について、「軍として組織的にやったような誤解を生ずる」ので「混乱の中での出来事」と書け、中国女性に対する暴行（レイプ）について、軍隊（軍人）が女性をレイプするのは「古代以来世界的共通慣行」なので、特に日本軍の場合についてだけ書くのは問題なので削除せよ、七三一部隊を「教科書に取り上げるのは時期尚早」だから削除せよ、などである。

前述のように、伊藤隆は、「つくる会」結成当初からの理事で、扶桑社版歴史教科書監修者である。〇六年の「つくる会」分裂後は理事も同会も辞めて、現在は日本教育再生機構（八木秀次理事長）の「教科書改善の会」が次期に扶桑社の子会社・育鵬社から発刊する予定の歴史教科書の編集委員会座長である。この伊藤の弟子にあたる人がこの間何人も教科書調査官になっている。伊藤と文部省・文科省の「特別な関係」がうかがえる。

元教科書調査官の福地惇（大正大学教授）も伊藤の教え子である。現在、「つくる会」の副会長を務める福地は、九八年に高知大学教授から教科書調査官になっている。国立大学教授から教科書調査官への転進は異例のことであった。当時、「つくる会」教科書の検定を前にして、伊藤が「送り込んだ」のではないか、という噂があった。福地は、就任してすぐに主任調査官になったが、就任後に調査官として不法な行為があり、私たちは福地の調査官解任を要求し、有馬朗人文相（当時）が解任した（この経緯については、『教科書レポート一九九九』の俵報告、参照）。

私たちは、教科書検定制度に反対してきたが、検定をなくすべきだという考えは今も変わりはない。その前提の上で、検定制度を続けるのであれば、以上のような問題があり、しかも、憲法・議会制民主主義に反して作られた教科書調査官制度は、この際、廃止すべきだと考えている。

5　教科書検定制度の問題点

今回の沖縄戦の検定問題の背景には現行の検定制度の問題点があることはいうまでもない。そこで、あらためて、現行の教科書検定制度の主な問題点を指摘しておくことにする。現行検定制度は八九年四月に大幅な改定が行われた。当時、私たちは制度の大改悪だと指摘していた。

（1）　合格留保――従来は「条件付合格」という制度で、「合格」を前提にして、合格の条件として「修正意見」（必ず修正すべき意見）「改善意見」（修正するかどうかは出版社・執筆者の判断とする意見）が付けられた。現行制度は、検定「合格」が最後まで保留されたまま検定意見が付けられ、これに従って「修正」が強制される。検定意見の強制力が強まった。出版社は、最後の最後に不合格になるかもしれない、という危機感から文科省のいうとおりに修正することを余儀なくされる。

（2）　修正期間の制限で文科省の思い通りに修正――出版社は検定意見に基づいて修正した「修正表」を提出して再度審査を受けるが、提出期間が「第一次修正表」は検定意見通知から三五日以内、「第二次（最終）修正表」は「第一次修正表」提出日から三五日以内である。従来は四～五カ月あった修正期間が二カ月半に短縮された。短期間に修正しなければならないので、十分な編集会議もてず、文科省の指示通りに修正せざるを得ない。反論権を行使していると修正期間がなくなるので反論もできにくい。また、検定意見が多くつかないように出版社の自主規制がすすむことになる。

（３）改訂検定の廃止――従来は改訂検定（教科書の総ページ数の四分の一ページ以内の改訂）時には、改訂箇所だけが検定の対象だったが、現行制度では部分改訂であっても、教科書の全記述・内容が検定の対象になる。すでに、前回の検定で「合格」していた記述なども、次の検定時には、検定意見を付けて「修正」を要求できるしくみである。

（４）文部科学大臣の訂正勧告権――従来なかったものであるが、検定済教科書について、文部科学大臣が訂正申請を勧告できるという制度である。自民党・財界・右派勢力などからの教科書攻撃を、文科相が出版社に「訂正勧告」ができるようにした。検定済教科書に政府・文科省が権力的に介入できるようにしている。

（５）学習指導要領の「内容の取扱い」が検定基準に――従来は学習指導要領の「目標」「内容」だけが検定基準であったが、現行制度は「内容の取扱い」までが検定基準になっている。これによって、より細かく検定ができるようになり、学習指導要領による教科書内容のしばり（規制）が強化された。

（６）検定基準の「創意・工夫」の規定をなくした――従来の検定基準にあった教科書づくりにおける「創意・工夫しなければならない」という規定をなくした。当時、文部省は「創意・工夫」や「現場のニーズ」を大切にすることよりも、「学習指導要領に忠実な教科書」づくりをめざせと説明した。「個性豊かで多様な教科書」、児童・生徒や教員のための教科書の実現よりも、学習指導要領に忠実な、画一的・規格化された、政府・文科省の意のままの教科書づくりをねらうものである。

（7）申請図書（白表紙本）の非公開――出版社は検定申請図書や検定意見などを公開してはならないという規則を、「つくる会」などの要求に基づいて二〇〇二年に新設した。

（8）検定意見の通知時間の制限――検定規則の実施細則にはないのに、文科省は、検定意見の伝達の時間を二時間に制限している。通常、最初の一時間で検定意見通知書を読んでどこを質問するかを相談し、残りの一時間で質問して回答・説明を受けるようになっている。このために、執筆者・出版社は検定意見について十分な質問や調査官とのやりとりができない状況にある。

今回の沖縄戦検定の経過を見ると、各社が反論権を行使しなかったのは、（1）や（2）によるものである。また、意見通知の場で十分な説明を求めることができなかったのは（8）のためである。ここに指摘した問題点は、九〇年代以降の検定において、しばしば重大な問題（違法な検定）を引き起こす原因になっている。

6　過去にも検定意見を撤回したことがある――暉峻淑子のケース

文科省は文部省時代の過去に実質的に検定意見を撤回したことがある。中学校公民教科書に暉峻淑子（埼玉大学名誉教授）の『豊かさとは何か』（岩波新書）を引用した教材について、九一年度検定において文部省が、引用した部分は間違いを書いているので別の教材にするようにとの検定意見をつけた。九二年六月の文部省の検定公開によってこの事実を知った暉峻は文部省と四年間たたかい、文部省は検定意見の間違いを認め、暉峻に謝罪して、事実上、検定意見を撤回した（『教科書レポート一九九七』参照）。

文科省の布村審議官は、検定意見を撤回する規則がないので撤回できないと国会で答弁している。文部省は、八二年度検定で、公害企業名を削除させ、後にこれが間違った検定だったとして各社に「訂正申請」を行わせて記述を回復した経緯がある。暉峻のケースでも、九六年に奥田幹生文部大臣（当時）が検定の誤りを認め、謝罪の意思を表明し、文部省教科書課長が暉峻に文書で謝罪し、さらに記者会見で「実質的な検定意見の撤回だ」としながらも同様に「訂正申請」による解決を行っている。

これらのケースだけでなく、家永教科書裁判最高裁判決（九七年八月）において、文部省の検定がいくつも間違いだったと断罪されている。文部省・文科省の検定は絶対に誤りを犯さないのではなく、これらの例が示すように間違った検定を行う可能性は常にあるわけである。したがって、間違った検定を行った場合に検定意見を撤回するための手続きを検定規則に定めておかなければならない。少なくとも、九六年の暉峻のケースや最高裁判決が確定した九七年八月以降にはこうした措置をすべきであった。それをしなかったのは、いわば「立法不作為」と同じことであり、その責任が問われることになる。

私たちは、教科書調査官制度の廃止と共に、検定意見撤回の規定を規則にもりこむよう要求している。

7　検定審議会は「お飾り」？――文科省が勝手に検定規則を改悪

教科書検定制度については、もう一つ重大な問題が判明している。

検定制度では、文部科学大臣が検定を行う（学校教育法）と定められているが、しかし、これまでは文科相は、教科用図書検定調査審議会（検定審議会）に諮問し、その答申にもとづいて検定の合否を決定するということになっていた。

検定規則の第七条の「文部大臣は、申請図書について、教科用図書検定調査審議会（以下「検定審議会」）に諮問し、その答申に基づいて、教科用として適切であるかどうかを教科用査不合格の決定を行い、その旨を申請者に通知するものとする。ただし、必要な修正を行った後に再度審査を行うことが適当であると検定審議会が認めた場合には、決定を留保して検定意見を申請者に通知するものとする」というのがその規定である。

ところが、文科省は、二〇〇〇年一〇月にこの規定の傍線部分を削除して「文部大臣は、申請図書について、検定の決定又は検定審査不合格の決定を行い、その旨を申請者に通知するものとする。ただし、必要な修正を行った後に再度審査を行うことが適当である場合には、決定を留保して検定意見を申請者に通知するものとする」に改定している。

これに連動して、不合格理由への反論の規定である第八条（四）「……反論書の提出があったときには、文部大臣は、これを添えて当該申請図書について、検定審議会に諮問し、その答申に基づいて、前条の決定（検定の合否――引用者）を行うものとする。ただし、必要な修正を行った後に再度審査を行うことが適当であると検定審議会が認めた場合には、前条の検定意見の通知を行うものとする」を、「……反論書の提出があったときには、文部科学大臣は、これを踏まえ、当該申請図書について、検定の決定又は検定審査不合格の決定を行うものとする。ただし、必要な修正を行った後に再度審査を行うことが適当である場合には、前条の検定意見の通知を行うものとする」に改定した。さらに、修正後の申請図書の審査規定である第一〇条（2）「文部大臣は、前項の修正が行われた申請図書について、検定審議会の答申に基づいて、検定の決定又は検定審査不合格の決定を行い、その旨を申請者に通知するものとする」を、「文部科学大臣は、前項の修正が行われた申請図書について、検定の決定又は検定審査不合格の決定を行い、その旨を申請者に通知するものとする」に、同条（３）「第一項の修正表の提出がないときは、文部大臣は、検定審議会の議を経て、検定審査不合格の決定を行い、その旨を申請者に通知するものとする」を、「第一項の修正表の提出がないときは、文部科学大臣は、検定審査不合格の決定を行い、その旨を申請者に通知するものとする」に改定した。いずれも傍線部分が削除されている。

つまり、二〇〇〇年一〇月以降は、文科相は検定審議会に諮らなくても勝手に検定を行えるという規定になっているのである。検定規則上では、検定審議会の役割の規定はなく、審議会はお飾りであり、文科相が自由に政治介入して勝手に検定が行えるようになっている。伊吹文科相（当時）は、「検定は検定審議会が行っているので文科大臣は法的には検定権者であるが検定には介入できない」と答弁してきた。この答弁は、規則上からみればウソの答弁ということになる。この規則の改定について、文科省の布村幸彦審議官は、省庁再編に伴い審議会を整理することにともなうものであり、検定過程の実態は変わらないと説明している。しかし、検定の合否を決定し、検定意見を決めるという行政処分を行う審議会について、その位置づけを規則上なくすのは重大な問題である。

今回の沖縄戦強制集団死（「集団自決」）の検定意見は、教科書調査官が作成し、文科省の教科書課長、企画官、審議官が了承して印鑑を押している。それがそのまま審議会を素通りしたことも明らかになっている。つまり、文部科学大臣の代理として文科官僚が勝手に検定意見を作成し、これを出版社・執筆者に強制したわけである。見方によっては、この改悪した検定規則に則って、検定審議会を単なるお飾りにしたということもできる。

終章

参議院選挙で自民党が大敗し、拉致問題も解決せず、自分たちの期待ほどに「戦後レジームからの脱却」＝極右的な政策がすすんでいないということで右派勢力の中に安倍政権への不満・批判がくすぶっている時、安倍首相（当時）のブレーンの八木秀次「再生機構」理事長は、『正論』で次のように主張している。これは、雑誌の発行日から見て、安倍政権が「崩壊する」少し前に書かれたものである。

「安倍内閣は発足以来、〝とてつもないこと〟をやってきた。教育基本法の改正と憲法改正の国民投票法の制定がその両雄」「教育三法もとてつもないものだ」「この内閣は左翼勢力にとっては危険極まりない。しかし、それは日本の国家再生のために必要なことだ。バッシングされる理由はその辺にある。」（『正論』〇七年九月号）

安倍政権は、八木がいうように、たしかに「戦後レジームからの脱却」に向けて、歴代内閣がやりたくてもやれなかった極右的政策を強行してきたのである。

安倍晋三政権が「崩壊」し、福田康夫政権が誕生した。マスコミなどでも「安倍政権崩壊」といわれるがこれは正確ではない。福田政権は安倍内閣の大臣・副大臣・大臣政務官をいわば「居抜き」で引き継いだ「お下がり政権」である。トップと一部大臣が入れ替わっただけで、その極右政権としての性格が変わらないことは第2章で紹介したとおりである。福田政権は、小泉・安倍政権の構造改革路線、新自由主義による格差拡大政策、安倍政権の「とてつもない」新保守主義・新国家主義政策＝「戦後レジームからの脱却」を引き継ぎ、それを一層推進するのが基本的な任務である。

とはいえ、〇七年参議院選挙での自民党の敗北、参議院における与野党逆転、安倍首相の政権放棄、「つくる会」の分裂などによって、右派勢力が一時的に混乱したことも事実である。参議院での与党の過半数割れは、政府・与党の国会運営に様々な面で困難をもたらし、福田政権は国会運営などで表面的には「低姿勢」をとらざるを得ない状況にある。しかし、自民党や右派勢力は、そうした状況の中で体制の立て直しをすすめている。

右派勢力の中心組織である日本会議と「日本会議議連」は、〇七年一〇月六日に三〇〇〇人（主催者発表）を集めて結成一〇周年大会を開催した。さらに、一一月二八日には「日本会議議連」が総会を開催し、①「沖縄戦教科書検定問題」、②「全国学力テスト結果の情報公開問題」、③「憲法審査会設置問題」の三つの決議を採択した。
①は、「事実に反する『軍命令による沖縄住民に対する自決の強制』が教科書記述となることは許されない」と題し、「沖縄の集団自決問題に関しては、『軍命令』の根拠が関係者の証言によって覆された」ので、文科省の検定は正しいという間違った前提に立って、「沖縄集団自決の強制に関する教科書記述の変更に断固反対する」としている。第3章で紹介したように、どの教科書にも「軍命令」によって「集団自決」が起こった、とは書かれていない。「つくる会」なども同様であるが、彼らは、「強制」を「軍命令」といいかえ、「軍命令」は証拠がないと主張している。「慰安婦」や南京事件を否定する同じ手口＝詐術である。総会では、この問題について「教科書議連」（会長・中山成彬元文科相）と共同して文科省に働きかけることが確認された。

②は、「教育改革を実効性のあるものとするため、全国学力調査結果の市区町村にいたるまでの情報公開を強く求める」と題したものである。この決議は、文科省が学校ごとの成績発表に歯止めをかけていることを問題にし、学校ごとの成績の公表などの情報公開を要求するものである。「憲法審査会の速やかな設置を求める」と題した③は、「速やかに両院に憲法審査会を設置《ママ》し、憲法改正の発議に向けて実質的な作業を開始することを強く求める」というもので、参議院の与野党逆転によって、止まっている憲法改悪の動きを「憲法審査会」の「設置」（始動）によって再度加速させようとするものである。

第2章で見たように、この「日本会議議連」総会では新役員体制が確認されたが、前述のように、従来以上に民主党の議員を役員に登用している。それは、わざわざ事務局長代行という新ポストをつくって笠浩史議員を就任させるなど民主党の若手右派議員を重用しているのが目につく。さらに、参議院の中曽根弘文議員（元文相）を会長代行に起用し、国民新党の副幹事長で国対委員長の糸川正晃衆院議員を幹事に起用している。これらは、参議院対策と野党対策を考えた体制だと推測される。

この「日本会議議連」の動きと連動して、中川昭一前政調会長が、保守勢力の再結集をめざして新しい学習会を〇七年一二月四日に発足させるために、一一月二九日に発起人会を開いた。その会合には自民党総裁選挙で麻生太郎候補を応援した議員を中心に二二人の自民党議員と郵政造反組でまだ復党していない無所属の平沼赳夫元経産相（「日本会議議連」会長）が参加した。この日の会合で中川は「『数カ月前まで、みんなが「やるべきだ」と言っていたことが忘れ去られてはならない』とあいさつ。教育再生など安倍晋三前首相が掲げた『戦後レジーム（体制）からの脱却』路線に沿った政策の実現に取り組む方針を表明した。『福田康夫首相や伊吹文明幹事長はじめ党執行部を全面的に支援する』

と述べ、福田政権を支えていく考えも強調した」（『毎日新聞』〇七年一一月三〇日付）ということである。

発起人会に出席した議員は、▽衆院＝中山泰秀、西村康稔、萩生田光一（以上、町村派）、山口泰明、戸井田徹（以上、津島派）、古川禎久（山崎派）、中川昭一、古屋圭司、小島敏男、中野清、松浪健太（以上、伊吹派）、薗浦健太郎（麻生派）、島村宜伸、水野賢一、武藤容治（無派閥）▽参院＝岸信夫、西田昌司（町村派）、中川義雄、秋元司、衛藤晟一（伊吹派）、鴻池祥肇、浅野勝人、塚田一郎（以上、麻生派）、平沼赳夫である。ほぼ全員が「日本会議議連」のメンバーでもある。

この「新勉強会」（「真・保守政策研究会」）は、予定通り〇七年一二月四日に発足総会を行い、会長に中川昭一、最高顧問に平沼赳夫を選出した。総会には五九人の衆参議員が参加し、櫻井よしこが「真の保守とは何か」をテーマに講演した。参加議員は次の通りであるが、平沼と荒井広幸以外は自民党議員である。

本人出席　赤間二郎、江藤拓、奥野信亮、鍵田忠兵衛、小島敏男、清水鴻一郎、島村宜伸、薗浦健太郎、高鳥修一、戸井田徹、中川昭一、中野清、永岡桂子、西本勝子、萩生田光一、平沼赳夫（無所属）、古屋圭司、馬渡龍治、松本純、水野賢一、武藤容治、山口泰明、山中燁子（以上衆院）。浅野勝人、鴻池祥肇、佐藤正久、塚田一郎、中川義雄、中曽根弘文、西田昌司（以上参院）。

代理出席　井上信治、宇野治、遠藤宣彦、小川友一、近藤基彦、清水清一朗、塩谷立、鈴木馨祐、武田良太、中森福代、中山泰秀、西村明宏、西村康稔、野田聖子、鳩山邦夫、平沢勝栄、二田孝治、古川禎久、牧原秀樹、松浪健太、宮下一郎、村田吉隆、山口俊一（以上衆院）。秋元司、荒井広幸（無所属）、衛藤晟一、岸信夫、末松信介、世耕弘成（以上参院）。

永田町では、「平沼新党」という話が密かにささやかれている。平沼議員が次の衆議院選挙後に自民・民主の右派議員（大部分は「日本会議議連」メンバーと思われる）を結集して新党を立ち上げ、自民党と連立を組むという「構想」だそうである。これによって、より安定した右派政権をつくり、さらに、参議院の与野党逆転現象を再逆転するねらいということのようである。この「平沼新党」構想がどこまで現実的であるかは不明であるが、こういう動きをつくることによって、福田政権・自民党執行部をけん制して、安倍政権がめざした「戦後レジームからの脱却」による憲法改悪や「教育改革」の推進を福田内閣にしっかりやらせようというねらいのようである。

この自民党のしたたかさが戦後六〇年間もほぼ一党支配の体制をつくってきたと思われる。また、すでに見たように、民間においても、歴史歪曲や憲法改悪・「戦争をする国」づくりに反対する市民運動などに対抗するために、「つくる会」と日本会議・「再生機構」・「教科書改善の会」など右派の「大連立」の動きもある。

私たちは、こうした右派の動きを具体的に把握しながら、歴史歪曲に反対し、「戦争をする国」をめざす、九条をはじめとした憲法改悪を許さない多数派になる市民運動・労働運動をつくりあげていかなければならない。

一方、〇七年七月三〇日のアメリカ下院本会議の「慰安婦」問題決議につづいて、一一月二〇日にオランダ下院本会議が「慰安婦」問題で日本政府に正式の謝罪と賠償を求める決議を採択した。さらに、一一月二八日にはカナダ下院本会議が「慰安婦」問題で日本政府の謝罪と賠償を促す動議を満場一致で可決し、一二月一三日には欧州（ＥＵ）議会が賛成五四、棄権三、反対〇で同様の決議を採択した。欧州（ＥＵ）議会の決議は加盟各国議会に送られるので、今後、ヨーロッパの各国議会でも同様の決議が行われる可能性が高い。また、オーストラリアでは、過去二回「慰安婦」決議が一票差など小差で否決されていたが、〇七年一一月二四日の総選挙で下院で野党の労働党が大勝したので、今度は確実に同様の議会決議が行われると予想される。重要なのは、アメリカ・オランダ・カナダ・EUの決議は、日本政府に謝罪と賠償を求めるだけでなく、「慰安婦」問題をはじめ日本の侵略戦争の史実の記憶を継承するために歴史教科書への記述や歴史教育について言及していることである。たとえば、オランダの決議は「日本の教科書で、『慰安婦』が嘗めた苦難と大戦中の日本の行為の史実を正確に描写するよう留意すること」を求め、EUの決議は、「日本の人々と政府に対して、全国家の道義的義務であるように、自国の歴史を全て認識すること、そして『慰安婦』に関連することを含め、一九三〇年代から一九四〇年代にかけての日本の行為を認識するために、さらなる手段をとることを奨励し、日本政府にこれらの事例を現在及び未来の世代に教育をすることを要請し」ている。

歴史を歪曲する右派政治家・右派勢力・右派メディアは、日本国内では多数派であるかのように振舞っているが、それは国内においてのみ通用するものであって、アジアをはじめ国際社会では通用しないものである。

二〇〇四年に九人の呼びかけで発足した「九条の会」はこの三年半の活動を通じて憲法改悪をめぐる世論を大きく変えてきた。特に憲法九条については、改悪に反対する世論が賛成を上回るようになってきた。地域や分野別の「九条の会」は六八〇一になり（〇七年一一月二四日現在）、これが地域の世論を変えてきたといえよう。憲法九条改悪、「戦争をする国」に反対する運動は日本国内だけでなくアジアや世界に広まろうとしている。すでにカナダには「九条の会」があり、韓国では〇七年一一月に「韓国九条の会」が発足している。アメリカ・シカゴでも発足の準備がすすめられている。私たちは、こうしたアジアをはじめ国際社会の平和と人権、民主主義と進歩を求める運動と連帯し、国内の草の根の活動を広げることによって、展望をきりひらいていくことが可能だということを確信することが重要である。

前にもふれたように二〇〇七年は南京事件七〇周年である。南京事件の被害国である中国はもちろん、世界中で映画制作・上映、シンポジウムなどのイベントが開催されている。日本では、〇六年に南京事件七〇周年国際シンポジウム実行委員会が発足し、筆者も実行委員会の共同代表を務めている。同実行委員会の呼びかけによって、〇六年三月にアメリカ・ワシントン、六月カナダ・トロント、九月イタリア・フィレンツェ、一〇月フランス・パリ、ドイツ・ハレ、マレーシア・クアラルンプール、一一月韓国・ソウル、中国・南京でシンポジウムが開催された。この国際シンポジウムのしめくくりとして一二月一五〜一六日に東京で開催された。明治大学でのこのシンポジウムには、のべ七〇〇人を超える人が参加し、会場があふれる盛況であった。この国際シンポジウムは、侵略戦争と加害・被害の記録と記憶を継承し、歴史認識の共有をめざし、過去の克服と和解によって、平和なアジア、平和な世界をめざすことを目的にしたものである。

この日本での企画とは別に中国・南京では、一二月一三日午前に南京大虐殺紀念館の新館の開館式と追悼式が開催され、八〇〇〇人の人びとが参加した。日本からの参加者も四〇〇人にのぼった。一三日の午後から一四日に、中国・日本・アメリカ・カナダ・香港から八〇人が参加して国際シンポジウムが開催された。主催は、中国抗日戦争史学会、南京大虐殺史研究会、南京大虐殺紀念館、南京社会科学院国際平和研究所、南京大学南京大虐殺史研究所である。私は、本多勝一（ジャーナリスト）、大門高子（『むらさき花だいこん』作者）と共に、前記の日本の実行委員会を代表して開館式・追悼式とシンポジウムに参加した。シンポジウムで、私は、歩平（中国社会科学院近代史研究所所長）、孫宅巍（南京大虐殺史研究会副会長）と共に、基調報告を行った。私の基調報告は、本書の第2章の内容を要約したものであった。

もう一度繰り返すが、日本国内ではメディアの状況も含めて、右派が大きな影響力を発揮しているかのように見える。しかし、状況はそれほど単純ではなく、右派内部の矛盾の表面化、国際社会での歴史認識をめぐる動きなどをみれば、この自民党や民主党右派による「戦争をする国」をめざす動き、そのための歴史の歪曲は国内でも国際社会でも簡単に受け入れられるものではない。私たちは、そうした展望をもちながら、同時に右派の策動を決して軽視することなく、地域から草の根民主主義の活動を積み重ね、それを国会を中心とした政治に反映させる努力を地道に進めていくことが重要である。

あとがきにかえて

〇七年一二月二六日、文科省と教科用図書検定調査審議会（検定審議会）は、教科書出版社六社から出されていた沖縄戦記述に関する訂正申請八点について、審査結果を公表し、申請を受理すると発表した。受理された記述は、検定後の見本本よりは若干の改善が見られるが、日本軍を主語とした「集団自決」の強制はあくまで認めないという内容である。

出版社による訂正申請後から結果発表までの審査の経過は以下のようなものである。

沖縄戦「集団自決」について、日本軍による強制という記述を検定によって削除させられた五社（東京書籍、実教出版、山川出版、清水書院、三省堂）は、一一月一日〜八日に訂正申請を提出した。検定で修正されなかった一社（第一学習社）は一一月九日に申請した。これを受けて文科相は検定審議会に調査・審議を依頼し、審議会の社会科部会・日本史小委員会が審議を行った。日本史小委員会は、一一月一九日、沖縄戦、沖縄史、軍事史の専門家九人に一一月二六日までに文書で意見を提出するよう依頼することを決めた。そして、文科省・検定審議会は、一二月四日、各社の役員を呼んで、訂正についての「指針」（その後、文科省は「考え方」とよび、検定審議会は「基本的とらえ方」と称している）なるものを口頭で伝えた。この「指針」の内容は、一二月九日付の新聞報道で紹介された。「指針」と「基本的とらえ方」はほぼ同じなので、以下、これを紹介する。

「基本的とらえ方」は、「集団自決が、住民に対する直接的な軍の命令により行われたことを示す根拠は、現時点では確認できていない」と断定したうえで、「集団自決」が起こった背景・要因について、過度に単純化した表現で記述することは、「集団自決について生徒の理解が十分とならないおそれがある」と指摘している。その上で、「沖縄戦における戦時体制、さらに戦争末期の極限的な状況の中で、複合的な背景・要因によって住民が集団自決に追い込まれていった、ととらえる視点に基づいていることが、生徒の沖縄戦に関する理解を深めることに資するものとなると考える」というものである。「今回の訂正申請の焦点は、検定で削除させられた『集団自決』における日本軍の強制が明示されるか否かにあった」（後述の三団体「声明」）。文科省・検定審議会は、「検定意見は正しい」としてあくまで検定意見の撤回を拒否し、検定意見の範囲内での訂正しか認めないとしたのである。「日本軍の強制」を明記しないで、「集団自決」の複合的要因を書かせるのは、軍の責任をあいまいにする記述を強要する方針である。渡嘉敷島と座間味島において、「かりに隊長の直接の自決命令がなかったとしても、それが軍による強制がなかったということに直結するものではなく、軍による強制を削除する根拠にはなりえない」（同「声明」）。まして、「隊長命令があった」「軍の命令があった」という証言があり、さらに、集団強制死（「集団自決」）は渡嘉敷・座間味以外でもたくさんあり、そこでは軍の命令・強制があったことが多くの証言と沖縄戦研究によって明らかになっている。文科省・検定審議会の方針は、多くの体験者の証言を否定し、沖縄戦研究の通説を無視する不当なものである。

前述の意見を求められた専門家の中には、自分の図書（『沖縄戦と民衆』）を恣意的に歪めて利用された林博史（関東学院大学）もいるが、林は、「意見書」の中で、教科書調査官が自分の研究（図書）を利用したことについて、「常識的な日本語の読解力もないか、きわめて悪意を持って歪曲したものか、どちらか以外には考えられません」と怒りを込めて指摘している。さらに林は、自分の図書でも「（『集団自決』は）日本軍や戦争体制によって強要された死であり、日本軍によって殺されたと言っても妥当である」と述べていることを紹介し、「渡嘉敷島では『軍が手榴弾を事前に与え、〈自決〉を命じていたこと』」、「座間味島では日本兵が島民にあらかじめ手榴弾を配って『いざとなったらこれで死になさい』と言っていたこと」を書いていると述べ、「『〈集団自決〉は文字どおりの〈自決〉ではなく、日本軍による強制と誘導によるものであることは、〈集団自決〉が起きなかったところと比較したとき、いっそう明確になる』と結論づけています」と指摘し、「沖縄戦における『集団自決』が、日本軍の強制と誘導によって起きたこと、日本軍の存在が決定的であったことは、沖縄戦研究の共通認識であると断言してよい」と述べている。

文科省は前述の方針にもとづいて、「集団自決」は軍が強制したのではなく、住民の側が強制だと勝手に思い込んで「自決」したのだと書かせようとしたのである。この「指針」を伝えられた各社の内、山川出版を除く五社はいったん訂正申請を取り下げ、再修正したものを申請して受理された。検定審議会日本史小委員会は「調査審議について」（報告）の中で、あたかも出版社側が自主的に取り下げたかのように書いているが、申請の取り下げと再申請は明らかに文科省の強要によるものである。「その結果、日本軍を主語とし『強制した』『強要した』『強いた』『させた』等を述語とする記述はすべて認められず、住民が『集団自決』に追い込まれたという趣旨の記述のみが容認され」た。「訂正申請の内容に不当な修正を強要して、ふたたび歴史の真実を歪曲」（同「声明」）したのである。

ところで、検定審議会の「基本的とらえ方」は、隊長命令のような住民への直接的な軍の命令を示す根拠は「現時点では確認できていない」というものである。前にも指摘したように、隊長命令（軍命）の有無と「強制」や「強要」の有無とは別の問題であり、日本軍の強制を否定する根拠にはなりえない。日本史小委員会委員の波多野澄雄（筑波大学副学長）は、委員会で合意したのは「軍命令については『確認できていない』」ということまでで、「強制について、一定の方向で合意した覚えはない」と語り、他の小委員会メンバーも『日本軍』が『強制した』と結びつけてはいけないとか、……（は）確認していない」と述べている（『赤旗日曜版』〇八年一月一三日号）。この検定審議会の確認を拡大解釈して、「日本軍の強制」記述の復活を認めなかったのは、担当した照沼康孝・村瀬信一両調査官による独断だったことが明らかになった。

「沖縄から平和教育をすすめる会」「沖縄戦首都圏の会」「沖縄戦裁判支援連絡会」の三者は、一二月二七日に文科相宛の抗議・要求書を提出して文科省に抗議し、「文部科学省ならびに教科用図書検定調査審議会が、沖縄戦記述についての訂正申請に対する不当な修正を強要して、ふたたび歴史の真実を歪曲したことに強く抗議し、検定意見の撤回を要求する」という「共同声明」を出し、国会で院内集会と記者会見を行った。沖縄では、一二月二七日に「六・九県民集会」実行委員会による「教科書検定審議会答申に抗議する緊急県民集会」が開催され、翌二八日には「九・二九県民大会」実行委員会が開かれ、「県民大会決議」である、「検定意見の撤回」「記述の回復」が実現するまで実行委員会を存続させること、首相と文科相宛に、「文部科学省の教科書検定問題に関する要請」を確認し、年明け早々に代表団が上京して政府に要請することを決めた。「要請」は、「基本的なとらえ方」が、「『係争中の裁判を理由にし、かつ、一方の当事者の主張のみを取り上げている』考えであり、かつ、『集団自決』体験者の証言をすべて否定するものであることから、到底容認できるものではない」ときびしく抗議し、訂正内容を一定評価しながらも、「『日本軍による強制』の記述がなくなるという重大な問題が生じている」と指摘して、「今後は『集団自決』の記述の中に『日本軍による強制』の語句を入れるとともに、検定意見を撤回されるよう、強く要請する」としている。

こうして、沖縄戦検定問題は、沖縄でも本土でも、あくまで「検定意見の撤回」「日本軍の強制記述の復活」を求めて、〇八年以降の運動に引き継がれることになった。

ところで、「九・二九沖縄県民大会」の大きなうねりを受けて、政府・文科省は、検定意見は撤回できないとしながらも、ひたすら低姿勢を示し、訂正申請によって沖縄県民の思いが反映されるかのような対応をしていた。福田首相は「参加者の思いを重く受け止め、文科省でしっかりと検討する」と述べ、渡海文科相は「教科書出版社から訂正申請があった場合は、真摯に対応したい」と語っていた。布村幸彦審議官は、検定意見を撤回できない理由として、「検定意見が正しい」とはいわず、検定制度に「撤回」の規定がないため、と国会などで答弁していた。ところが、一二月四日午前中に「沖縄戦首都圏の会」などが布村に面談したとき、布村は、「検定意見は、学問的立場・専門的立場から公正に付けられたものであり、撤回できない」と主張し、六月段階まで後退する姿勢に終始した。そして、その日の午後に前述のように出版社役員を呼んで「指針」を示したのである。

訂正申請を受け付けた一一月一〇日頃と、一二月はじめでは文科省の態度は明らかに変わってきた。この変化は何によるものか。私は、この背景に右派勢力と右派政治家の圧力があったと推測する。「つくる会」・「教科書改善の会」など右派勢力は、検定意見を撤回するな、訂正申請による日本軍の強制記述の回復を断固拒否せよ、などを掲げ、一〇月以降四回の集会を開催し、何回も文科省に要請した。「つくる会」は右翼団体とも共同して文科省前で二回の街頭宣伝を行った。文科省によれば、私たちの要請よりも右派の要請の方が何倍も多かったということである。政治家の動きでは、沖縄戦検定問題での右派の共闘組織「教科書検定への政治介入に反対する会」が、一二月四日に衆議院第二議員会館で開催した「第三回緊急集会」には、平沼赳夫（「日本会議議連」会長）、中山成彬（元文科相、「教

科書議連」会長)、稲田朋美(「日本会議議連」事務局次長)、長勢甚遠(元法相)、赤池誠章(自民党)、亀井郁夫(国民新党)、西村真悟(無所属)が参加し、決意表明を行った。

終章でみたように、一一月二八日に「日本会議議連」が総会で、「沖縄集団自決の強制に関する教科書記述の変更に断固反対する」決議を行い、「教科書議連」と共同して文科省に働きかける方針を確認している。「日本会議議連」の幹事長は、「自虐史観に基づいた歴史教科書も官邸のチェックで改めさせる」と主張していた下村博文(元官房副長官)であり、同議連事務局長の萩生田光一は「教科書議連」の「沖縄問題小委員会」の委員長である。こうした右派政治家の圧力・バックアップによって、意を強くした文科省はあくまで検定意見撤回を拒否し、軍の強制記述を認めない訂正申請を行わせたといえよう。

「つくる会」・「教科書改善の会」など右派勢力は、沖縄戦における「壕追い出しは住民の命を助けるためだった」「壕追い出しは日本軍ではなく防衛隊がやった」などと、歴史の歪曲をはじめている。藤岡信勝は、「九・二九県民大会」実行委員長の仲里利信沖縄県議会議長が県議会で語った自らの沖縄戦体験(証言)を「ウソ」だと決めつけている(〇七年一一月三〇日、沖縄での記者会見)。南京事件や「慰安婦」と同様に、日本軍(皇軍)の不法行為・残虐行為・加害を歴史の記憶から消し去り、「皇軍の名誉を回復」し、「戦争をする国」の国民づくりをめざす意図である。今回の検定意見を撤回させせなければ、次は、日本軍による住民虐殺も事実ではない、として教科書から消し去る策動がはじまることは明らかである。あと一〇年もすれば、証言している沖縄戦体験者がほとんどいなくなり、再び今回のような歴史歪曲が行われる危険性がある。沖縄県民と沖縄戦体験者が危惧し、「検定意見の撤回」「記述の回復」を要求しつづけているのもそのためである。

私たちは、あくまで「検定意見の撤回」「日本軍による強制集団死の強制記述の回復」「沖縄戦の真実を次の世代に語り継ぐ」こと、「沖縄戦裁判」で沖縄戦の史実を認定した判決を勝ち取ることなどを掲げて、広範な世論をつくりだす活動をすすめなければならない。

本書が、沖縄戦「検定意見撤回」のたたかい、検定制度など教科書制度の改善のとりくみ、憲法改悪反対・歴史に歪曲と「戦争をする国」に反対する活動、そして、〇九年の中学校教科書採択で、現在「つくる会」教科書を使用中の中学校で採択をやめさせる活動、さらに、来るべき二〇一一年の中学校教科書採択にそなえる活動などで、おおいに活用され役立つことを心から願っている。

本書の第1章の「二」は、『論座』（〇六年六月号、朝日新聞社）に掲載した拙稿に大幅に加筆・修正したものであり、また、第2章は『戦争責任研究』（〇七年冬号、日本の戦争責任研究センター）に掲載した拙稿に加筆・修正したものであることをお断りしておく。

本書は、本来は〇七年一〇月には発刊する予定であったが、沖縄戦検定問題の実際のたたかいに時間をとられ、原稿執筆が大幅に遅れ、花伝社に大変ご迷惑をおかけしたことをお詫びする。花伝社の柴田章さんには、原稿の遅れにもかかわらず、辛抱強くつきあっていただき、さらに、本書の構成などで有益なアドバイスをいただいたことに、感謝申し上げたい。

（二〇〇八年一月一日記）

俵 義文（たわら よしふみ）

1941 年福岡県生まれ。中央大学法学部卒。新興出版社啓林館・東京支社に勤務。その間、出版労連教科書対策部長、同事務局長、教科書検定訴訟を支援する全国連絡会常任委員など。
現在、子どもと教科書全国ネット 21 事務局長、立正大学心理学部非常勤講師。

主な著書（共著を含む）
『小学校教科書を読む』『中学教科書はどう変えられたか』『高校教科書検定と今日の教科書問題の焦点』『教科書攻撃の深層』『ドキュメント「慰安婦」問題と教科書攻撃 』『いまなぜ戦争責任を問題にするのか』『徹底検証 あぶない教科書』『ちょっと待ったぁ—教育基本法「改正」』『歴史教科書何が問題か』『教科書から消される「戦争」』『あぶない教科書 NO!』『とめよう！戦争への教育—教育基本法「改正」と教科書問題』『教育基本法「改正」のここが問題』『安倍晋三の本性』『「改正」教育法で教育は「再生」できるか』ほか

〈俵のホームページ〉URL: http://www.ne.jp/asahi/tawara/goma/
〈子どもと教科書全国ネット21〉
【連絡先】電話03-3265-7606　URL: http://www.ne.jp/asahi/kyokasho/net21/top_f.htm

〈つくる会〉分裂と歴史偽造の深層 —— 正念場の歴史教科書問題

2008年2月5日　初版第1刷発行

著者 —— 俵 義文
発行者 —— 平田 勝
発行 —— 花伝社
発売 —— 共栄書房
〒101-0065　東京都千代田区西神田2-7-6 川合ビル
電話　03-3263-3813
FAX　03-3239-8272
E-mail　kadensha@muf.biglobe.ne.jp
URL　http://kadensha.net
振替 —— 00140-6-59661
装幀 —— 神田程史
印刷・製本 — 中央精版印刷株式会社

ISBN978-4-7634-0512-8 C0036

あぶない教科書NO！

もう 21 世紀に戦争を起こさせないために

「子どもと教科書全国ネット 21」事務局長 **俵 義文**

定価（本体 800 円＋税）

●歴史教科書をめぐる黒い策動を徹底批判

議論沸騰！　中学校歴史教科書の採択。歴史を歪曲し戦争を賛美する危ない教科書を子どもに渡してはならない。私たちは、子どもたちにどのような歴史を伝え学ばせたらよいのか。

憲法くん出番ですよ

憲法フェスティバルの 20 年

憲法フェスティバル実行委員会 編

定価（本体 1500 円＋税）

●すそ野をひろげて 20 年

憲法が危ういというのにお祭り騒ぎ !?〈憲法フェスティバル〉って何だ？　憲法は空気のように。我らが憲法くんがリストラされかかっている。私たちは、憲法くんにもっともっと働いてほしい、いやいっしょに働きたい。元気で長生きするには、やっぱり、楽しくやっていかないと……。